一生使えるクローゼット・ノート

槇村さとる

幻冬舎文庫

Satoru Makimura

一生使える

クローゼット・ノート

はじめに

ファッション誌に次のシーズンの服の煌《きら》びやかな記事が載りはじめると、ワクワクします。

パリやミラノやニューヨークの女性たちの着こなしのスナップが特集されれば、穴があくほど眺め、ソワソワします。

そんな気持ちのときは、仕事の入っていない休日を狙ってクローゼットへ。ポールにかかっている服という服すべてをガシッと抱きしめ、ポールからはずし、無慈悲なまでの冷徹さでベッドの上にバサーッと広げ、さあファッション祭りの始まりです。

まずは黒の小さなトップスを着こみ、ファッションショー用のヒール(笑)を引っ張り出して、次から次へとスカート、パンツを穿いては鏡の前に立ち、コーディネートのチェック、チェック、チェック!

ところが、盛り上がる気持ちとは裏腹に、鏡は正直な姿を映し出します。

サイズ感がビミョー

ラインがビミョー

素材がビミョー

ビミョーな服が出てくるんですね。

あんなに似合っていたのに？　なんで？

結局、「着る」「着ない」「これとならすごく合う」「どれとも合わない」と、処分する服を選りすぐって、祭りは「整理」となりかわり、終了です。丸一日がかりの大仕事。

さて、ようやくクローゼットの整理をしたそばから、今度は「足りないモノは？」「欲しいモノは？」となる。雑誌のキリヌキやらイメージスナップを、ためつすがめつ眺め、いざ服の売り場へ。

相変わらず、試着したとたん「ダメだっ」と絶句することは、しょっちゅうだし、いくら似合っても、着るチャンスの少ない服（おめかし用）だとコストパフォーマンスが悪すぎて手が出せないなんてことも。ああっ……！

小さいときから、こんなことをずっとずっとやり続けて、もう56歳ですよ？

そうしてたどり着いた結論は、「服に正解はナイ！」という身も蓋もない事実です。

体は変化する、心も変わる。流行もうつろう。ベーシックな服でさえ、今と昔がある。

服は旬のもの。着るということは、オン・ザ・ロード。常に途上。

だからこそ、自分の表現になりえるってことなのです。

この本は着ることが大好きな漫画家の、服にまつわる悲喜こもごもスケッチです。どうぞ笑ってやってくださいませ。

目次

春

決意を新たに挑む おしゃれシーズンの幕開け

夏

服でごまかせない夏は　心構えと技が必要

秋

おしゃれ心が深まる　セカンドシーズン始動

冬

冬でも素敵に魅せる　大人の女性のスタイル

春

決意を新たに挑む　おしゃれシーズンの幕開け

SPRING 1

おもしろい人になるか、素敵な人になるか

女のおしゃれには、究極、二通りあると思うんです。

ひとつは、黒柳徹子《くろやなぎてつこ》さんコース。

お馴染みの玉ねぎヘア、型にはまらないファッション、自分スタイルを貫く姿勢。軸がぶれない、かっこいい生き様。楠田枝里子《くすたえりこ》さんも、このタイプですよね。

ただ、素敵な女性というよりは、どちらかというと「おもしろい人」。

自分をキャラ化した年齢不詳の姿。性別すら超越した世界です。男性目線を意識していないという〝非モテ〟傾向も、大きな特徴かな。

対極にあるのは、ファッションデザイナーの稲葉賀恵《いなばよしえ》さんコース。

常に「女性として美しくあるためには？」を模索しているスタイル。同じ

くファッションデザイナーの島田順子《しまだじゅんこ》さんもそう。

異性の目を意識しつつも、いわゆる「モテ系」のように媚びたりはしない。凜とした姿勢で、女性的な魅力を上手にアピールするスタイルを目指す。

稲葉さんの髪型ひとつとってみても、それがよく表れています。ロングにしたり、ぱっと切ってしまったり、流行と年齢に応じて試行錯誤を繰り返しながら素敵さを作り上げている。

そんな自己調節を怠らない稲葉さんの姿を雑誌なんかで見るたびに「素敵だなあ」と感心しきりです。

おもしろい人になるか。素敵な人になるか。

良い悪いではありません。だって、どちらのタイプの人も、とってもチャーミング。個性も女性らしさもない、おばさん街道まっしぐらな人より百倍マシ。おしゃれを置き去りにしちゃった女の人ほど、悲しいものはありません。

ただ、おしゃれを楽しみ、女の人生を全うするには、どちらかを選択して、腹をくって突き進んだほうがいいんじゃないかと思うんです。

「ステキ」の秘密を教えてくれる女性たち
桐島かれんさん
もう何というか美!!
SHIHOさん
ハッピーオーラ
サクレツの
美ボディ
知花くららさん
世界中をルポ
人柄が

目がはなせません。
草刈民代さん
こんなに女王な女性っていないかも
フジコ・ヘミングさん
すご味が好き
発言も大好き音も♡
大久保信子先生
着物スタイリスト
おだやか中味は江戸っ子
島田順子さん
デザイナー
パリ系
かっこいい〜い

〝自分のスタイル〟みたいなものが明確になるし、「欲しい服がない」「何を着たらいいかわからない」なんて、おしゃれでウンウン迷うことが、きっと少なくなるはず。

ひとつだけ、気をつけておきたいのは、黒柳徹子さんコースだと、男は萎えるらしい、ということ。

おもしろい女性が好き、っていう男性はいるにはいるけれど、マニアックな少数派。多くの男性から支持を集めやすいのは、やはり断然、稲葉賀恵さんコースでしょう。

どちらが自分にふさわしいか？　どちらを選択すると人生楽しそうか？　ということで今のところ私は、稲葉賀恵さんコースを選択し、女のおしゃれ道を邁進する所存です。

SPRING

2

「定番」があれば、笑顔でおしゃれ道を闊歩できる

おしゃれ道を突き進むには、「おもしろい人」か「素敵な人」かの路線選択に加え、「定番を心得る」ことも大切です。

ここでいう定番とは、洋服を選ぶ際の譲れない条件、ジャッジの際の決めごとでもいいましょうか。「素敵な人」を目指す場合には、まず「自分のスタイルが良く見えること」がその第一に当たります。

海外のセレブ、芸能人やモデルはもちろん、前述のファッションデザイナー、稲葉さんや島田さん、欧米の街で見かけるマダムたち。思わず素敵だなと魅せられる大人の女性に共通するのは、スタイルを良く見せることを基準におしゃれを楽しんでいる点です。

痩せて見えるか、脚がすらっと長く見えるか、小顔に見えるか。そういう視点で服を選び、着こなしている。好みや趣味優先で服を選び、スタイルを良く見せる意欲に欠ける〝おばさん〟とは、そこが決定的に違います。

加えて、私の場合は「自分が快適であること」も定番のひとつ。

いくら素敵な洋服だろうと、胃が苦しい、腕が回らないものはNG。息がつまるとか、不快に感じるとか、若いときは見た目重視でそういう服にも袖を通したけれど、年齢を重ねたら無理は体を壊すことに直結します。おしゃれを楽しむどころではなくなってしまう。それじゃあ本末転倒もいいところ。だから「快適であること」に重点を置き、体に何かを強いるのはやめました。

おしゃれにおける自分の定番がわかってくると、たくさんの服の中から必要なものと不必要なものが瞬時に選べるようになります。いい意味で許容範囲がじわじわと絞られ、スムーズに取捨選択ができるようになる。

それがない人は、さぞ辛かろうと思います。だって買い物のたびに、ざっぱーんと太平洋に飛び込むようなものだから。次から次に迫りくる洋服や靴やバッグの洪水を、片っぱしから試し、脱ぎ捨て、進むしかありません。疲

＊A.P.C.
デザイナー、ジャン・トゥイトゥによるフランス生まれのブランド。大人っぽさのあるシャツ、デニムなどのカジュアルなアイテムが見つかる。

＊マーガレット・ハウエル
メンズシャツから始まった英国ブランド。略してMHL。白シャツやトレンチなどのベーシックなアイテムが見つかる。家具やホームプロダクトも提案。

弊してへとへと。溺れるのも時間の問題です。

定番を心得ると、自分の「定番のブランド」や「定番の店」も決まってきます。

ハズレがなく、80%ぐらいの高確率で欲しいもの、似合うものが見つかるブランドやショップ、安心感のある買い物ができる場所が自然とリストアップされてくる。

私の「定番の店」は、普段着だったら「*マーガレット・ハウエル」「*A.P.C.（アー・ペー・セー）」。少しきちんとした服を探すなら「*ドゥロワー」。目的が絞り切れていないとき、あらゆるものを探すのに便利なのは「*バーニーズ　ニューヨーク」。探すという目的主体ではなく、好きだから覗く趣味の店は、「*ポール&ジョー」「*マルニ」という感じ。

定番店で買った服や、売られている服を俯瞰してみると、知られざる自分の傾向、新たな「定番」が見えてくるところもおもしろい。

「ワークウェアの要素が入っているものが多いなあ」とか、例えばフリルひとつとっても、女性的なロマンチックなものではなく、少し男性的な印象の

＊バーニーズ　ニューヨーク
1923年マンハッタンで設立。洋服、アクセサリー、シューズから各種小物までを揃えるスペシャリティストア。セレクトの約70%はインポートもの。

＊ドゥロワー
大人の女性にふさわしいワードローブを提案し続けるセレクトショップ。モード感のあるクラッシイな取り揃え。東京・青山の骨董通り店がお気に入り。

きりっとしたものを好む傾向にあるのだな、とかね。もしかして、男性よりも女性デザイナーが好みなのかも、なんて事実に気付いたり。男の人が夢いっぱいで作った妄想服よりも、女の人が機能と実用と夢を混ぜ合わせて作った服のほうが、とっつきやすく、体に合うのかもしれないなあ。そういえば、昔はダナ・キャランが好きだった。なんて。

　買い物の精度が上がり、迷いが減ってラクになる。すると当然ながら、おしゃれ道がぐっと歩きやすくなる。そこが、マイ定番を心得ることのメリットです。

　なあんて、えらそうに言っている私ですが、自分の定番ラインを飛び越えて、危険な領域へ足を踏み入れることも多々あります。

　つい最近も、雑誌で見かけたイヴ・サンローランのドレスにひと目惚れ。ちょうどパーティ用に袖のあるドレスを探していたこともあって、その半袖豹柄のサックドレスがどんぴしゃだったんです。即お店に電話をしてお取り置き、試着をしに出かけ、あれよあれよという間に購入しました。

　サックドレスは、すとんとした筒状。女らしいシルエットを前面に出さな

＊マルニ
イタリア・ミラノが拠点。毛皮と皮革製品が始まりのブランド。独特のシルエット、鮮やかな色バリエ、花柄や幾何学模様などの大胆なプリント柄が特徴。

＊ポール＆ジョー
パリのシャツ会社のデザイナーを経て、ソフィー・メシャリーが立ち上げたブランド。フェミニンさと活発さをあわせ持つスタイルが特徴。

クローゼットはその人そのもの

い中性的なドレスなので、私の定番内ではあります。が、イヴ・サンローランというブランドは、全く未知の世界。そこに片足を突っ込むドキドキ感といったら！　いつものショッピングでは味わえない高揚感、新鮮な心地の連続に、アドレナリン大放出！

矛盾しているかもしれないけれど、自分のベーシックを超えた場所で、どきどき、わくわくを体験する。それも、おしゃれの醍醐味だったりします。定番と冒険をバランスよく楽しむことで、笑顔でおしゃれ道を歩いていける。そんなふうに思うのであります。

SPRING 3 スプリングコート虎の巻

防寒度が低いため、冬のコートほど実用的ではなく、着用する時期も短い。

まさに「おしゃれ着」のスプリングコート。

冷静に考えると「なんで着るんだ？」という微妙なものではありますが、春先に、ずんぐりむっくりした真冬の恰好が全盛の中、ぱりっと軽やかなスプリングコートで颯爽と歩く女性って「やっぱり、おしゃれだなあ」と目を奪われます。

逆に毎年、目を背けたくなるのが薄くてぺらぺら、あせたようなベージュ色のトレンチ風コートを着てる人。

お手頃価格なのだろうけれど、あまりにコシがなく頼りない生地と、デザ

愛してやまない
ワーク＆ミリタリーの
代表といえば、
トレンチ♡でしょう
もともと
実用の部品が
装飾になってるのがツボ
憧れは
だけど
短いトレンチ
着てみたら
バランス
いーの
「憧れ」と
「似合う」の
ちがいを
実感。
バサッと着てね。
やめて欲しいのは……
キッチーーン
ベルトだから
リボンじゃないから
カッコいい系の服
だから！

イン性の低さはいただけません。トレンチ〝ぶってる〟ところが、どうにも辛いのです。

スプリングコートはおしゃれ着。トレンチ〝風〟はやめて、思いっきり「おしゃれ」にふったほうがいい。仕立てが良く生地も上質な、きちんとしたコートを着ている女性のほうが、断然素敵です。

じゃあ、何を選んだらいいのでしょうか。

トレンチなら、やはり王道の「バーバリー*」でしょう。

だいぶ前に冠婚葬祭用に1枚買い求めてから、代替わりを経て、結局常に一着は持っているという定番服。骨太で着こなすのがやや難しいイメージがありますが、元来堂々とした服なので、着続けることで板につくようになります。おすすめは、膝上10センチとか15センチとかの短め丈のもの。バーバリーといえば膝下丈が昔からのスタンダードですが、それだときちっとしすぎて、老けこんだ印象に。短め丈のほうが若く見えるし、スタイリッシュに仕上がります。

スプリングコートの代表選手、「マッキントッシュ*」もいいですね。

＊マッキントッシュ
英国を代表するアウターウェアブランド。ゴム引きという防水性に富んだマッキントッシュクロスのコートは、今も当時の製法のまま作られている。

＊バーバリー
1856年創業の英国ブランド。創業者のトーマス・バーバリーが雨に強いコート生地を考案。そこから生まれたトレンチコートはブランドの代名詞的存在。

ゴム引きされたコットン地のため、張りがあって頑丈。鮮やかな色展開にもうっとりです。私が愛用していたのは、抹茶色の短い丈のもの。ただ風を通さない生地なので、少し気温が上がってくると途端に暑くて着られなくなるところが難点でした。

バーバリーか、はたまたマッキントッシュか。このチョイスは悩ましい。私の場合、今のところ、バーバリーに軍配が上がっています。

気候変動が激しい、昨今の地球。日本もこれからどんどん四季がなくなって、春が遠からずなくなりそうな予感。寒い冬が終わったと思ったら、息つく暇もなく夏がやってきて、スプリングコートの出番も減るかもしれません。

だったらなおさら、毎年使える上質なスプリングコートを一枚、確保しておきたいもの。バーバリーにしてもマッキントッシュにしても、ベーシックなコートゆえ、何かと応用が利くし、きっと持っていて損はないはずです。

SPRING 4

おしゃれは手帳から

働く女性の必携アイテムであり、ファッションアイテムのひとつでもある手帳。

私の基本形はスケジュール用、メモ用、管理用の3冊。薄いノート型の3冊を1冊に綴じて、使っています。

「管理用」は、家計簿などのお金の管理に使う手帳のこと。毎年の始まりに、昨年の使い勝手を吟味検討し、構成や中身を更新して進化させています。

なかでも、ここ最近の白眉は、「被服費手帳」です。これ、おしゃれを楽しむすべての女性におすすめしたい！　1月から12月まで、なんというブランドの、どんな服をいくらで買ったかを仔細に記録。そして、どのくらい着たか、どの程度着たかを季節の変わり目に◎△×で評価します。

ヘビーローテーションしたものは「◎」、たんすの肥やしは「×」、そうすると、自分の犯した失敗が、ありありと浮かびあがるんです。やめときゃいいのに、「×」の合計額を算出して愕然！「いくらドブに捨てたか」という現実に向き合うことになる。「こんなことだったら、いい鍋のひとつやふたつ、余裕で買えたのに……」。

同時に、己の傾向と対策がわかるのも、被服費手帳のえらいところです。例えば「ワンピースは4万円より内側でおさめよう」というもの。着る頻度や着回しなどを総合的に考えると、日本のデザイナーもの、いいラインどりで、だいたい3万9000円が相場。本当に気に入って、似合ってると確信できれば5万円までOKかなあ（弱気）。4万で探しにいって5万で手を打つという感じでしょうか（それ以上だとコスパが悪い）。ちなみにジャケットなら8万円あたりで手を打ちたい。

それから、「『じゃあ、ついでにそれも』はやめよう」。

販売員さんにうまいことすすめられて、「じゃあ、アウターと合わせてパ

服って高い！
ブラウス一枚のねだんで
28000
もし台所用品を買えばすっごいグレードUPそしてずっと使えるよ
でもねくらべようがないのよ
開きなおり
服は旬のもの！野菜や魚と同じなの！
それにしても高いがな
……
失敗した時のくやしいコト!!
これ以上の無駄はしたくない
服を買ったらすぐリストに記録
そしてシーズンの変わり目にチェック
よく着た◎
着なかった×
まあまあ△
2012
自分の失敗の原因を知る
これと合わせるとまたいいですよ
じゃそれも
「じゃ、それも買い」
これすごく似合うから色ちがいも…
「色ちがい買い」
ハフハフ
ステキな一枚と出会ってアドレナリン出すぎてそれに合うものをいくつも……
「コーフンしすぎ買い」
さようなら～

ンツも」とか、「じゃあ、このパンツにこのベルトも」とかいう、ついで買いは禁止。結局いつも着なくなることが被服費手帳によって判明しました。そういう服や小物には買ったときの強い思い入れがないため「×」になりやすいんですね。だから、ついで買いを誘う店員さんの「お似合いですよ！」の言葉も、もう信じない！

こうやって、自分の傾向と対策を知ることは、物欲のいい歯止めになるし、次に買い足す洋服のプランニングにも大いに役立ちます。

ときには手帳を開いて、ぼーっと見返すだけでもオッケー。たんすに眠ったまま忘れている服の存在に気づけてラッキー！　なんて収穫もありますよ。

SPRING
5

憧れ！　巻き物上級者

その昔、一世を風靡した巻き物がありました。その名は、パシュミナ。カシミアみたいに手ざわりが良くて、ほんわか軽くて温かい。色のバリエも豊富なストールです。

本来はインドのカシミール地方に伝わる毛織物を指すようですが、いつしか「薄手で大判」というウールの巻き物はみな「パシュミナ」に。働く女性から熱い支持を集めたこともあり、日本国中を席巻したのでした。

なにより不思議だったのは、その巻き方。巻く、というよりも、背中から両肩をくるむように、ぱたん、ぱたんと折る。まるで、折り紙のお雛様みたいじゃないですか。ある意味、日本的。でも残念ながら「おしゃれ」とは言

大好き 巻きもの
売り場で巻いてもらうとチョーステキ
あら〜 よろしいわねぇ〜〜
そっちですね♡
しかし 自分で再現 できないの
なぜ?!
?!
ちょーどいい ボリューム感が みんなちがう
ダダ
(知らないよね)
10年巻いてる ウールの 白紺ボーダー 20×150
スヌード好きです
立体感を保てて ずり落ちないから
折り紙ではアリマセヌ
こなれ感が 出てくるまで 巻きまくる しかない
ボリューム感は 素材でちがう サイズはぜひ大きめを♡
180×60で うすい シルク×カシミア
夏は ウール×麻 とかいい

いがたい姿。

それに比べ、欧米の女性たちは、実に上手に巻き物を取り入れています。細いの、太いの、厚いの、薄いの、巧みにチョイスし、さりげなくパラリと巻いている。そしてもちろん、似合っている。うらやましい限りです。

日本人は、首の短さを隠そうと必死なのか、あるいは大は小を兼ねるの精神からなのか、首をすっぽり覆う大きなものを巻きがちです。まさに、ウルトラマンに出てきた怪獣ダダ！　首が埋もれちゃって、アウトライン（輪郭）がおもしろすぎです。

一方で、その昔、引きずるほど長いマフラーをして空港に降り立ち、注目を集めた元サッカー選手もいましたっけ。「日本男子、いざ巻き物を巻く」の図。なんで、ああいうことになっちゃうんだか。

我ら日本人の苦手アイテム、巻き物。

首の長さや肩の張り具合も違う欧米の女性たちと比べたらきりがないけれど、きっと日本人にはふさわしい巻き方があると思うんです。そのカギを握るのは、「巻き物の分量感」じゃないでしょうか。

とにかく自分の首の長さ、顔や首まわりの骨格に似合う分量感がつかめるまで、ひたすら巻いて研鑽を積むのみ。怪獣ダダしかり、サッカー選手しかり、みんな過ちを繰り返しながら、巻き物上手になっていくのかもしれません。

ちなみに、知り合いのデザイナー曰く、2メートル以上がベストの長さなのだとか。長すぎない？　って躊躇しそうだけれど、アレンジがしやすくて巻きやすいのだそう。

「よし、決まった」という瞬間に出会えるまで、巻いて巻いて巻きまくる。巻き物は、それに尽きると思います。

SPRING

6

お花見は、スマートな重装備で

桜がほころび始めたら、お花見シーズンの到来です。

ついつい浮かれ気分になり、ふわっと薄い春服で出かけたくなるもの。ところが、意外と寒いこの時季。体が冷えて、あっさり風邪をひくことも少なくありません。

そこで必須となるのが、春先だからこその寒さ対策。我先に春服を着たい。でも風邪なんか絶対にひきたくない私は、「首」の保護とカイロを欠かしません。

まずは、３つの首、「首・手首・足首」を守れ、です。

首のつく場所は、太い血管が通るため外気の影響を受けやすい場所。しっかり保護してあげることで、冷えを防ぐことができます。巻き物、手袋、レッグウォーマーの3つの道具でばっちり保温。体の熱が奪われにくくなり、体感温度も変わってきます。

そして秘密兵器の「カイロ」。足裏に貼るタイプ、仙骨あたりに直接貼れるタイプなどを総動員。外から内から、ほかほか状態をキープ。これで、冷たいビールもワインも、どんとこい！ です。

な〜んて、あまりに冷えを恐れる私は、最近では早々に降参。せっかくおしゃれをして桜見物に出かけたなら、外に長居はせず、そぞろ歩く程度がちょうどいい。あとは予約したレストランの室内から、ゆっくり観賞します。

大人の女性にとって、「おしゃれは我慢」なんて自殺行為。スマートに賢く、初春の花見を楽しみましょう。

大人のお花見
井の頭公園
毎年ひどいさわぎ
家なし
金なしの
学生さんたち
まさか
こんな
お花見じゃ
ないですよね?
仕事関係の
イベントとか
出ないわけには
いかぬか……
ロッテ
ホカロン
絶対カラダを
冷やさないよう
ご用心下さい。

SPRING

7

ハイヒールを楽しむための極意

おしゃれをしている人は、身銭を切っている。

安全地帯にいて、評論ばかりしていては、決しておしゃれにはなれません。「買って、赤っ恥をかいて、とほほ」の繰り返し。靴は、その最たるものかもしれません。

とほほな靴、といえば、やはりダントツ、ヒール靴でしょう。

無駄のない完璧なボディ、凜々しいヒール、なでたくなるような美しいアール（Rカーブ）。その恍惚のたたずまいは、いつの時代も女性の心をつかんで離さない、嗚呼、ヒール靴！　この頃では「眺め靴」という体《てい》の靴もあるほど。「置いて、眺めるだけでいいの」って、おいおい！　風水の開運グッズじゃないんだから。

そんなヒール靴、いざ履くとなれば、それはそれは大変な困難を伴います。おニューの7・5センチヒールを颯爽と履き、いざパーティへ。気を張って履いているうちはいいけれど、いち段落して椅子に座ろうものなら、もう立てない。体がどーんと落ちちゃうんですね。体全部の重さが足の指にかかってしまう。

そのうちに、足先がじんじん痛みだし、泣きたい気持ちになってくる。華奢なヒールで体を支えている、あの心細い感じったらありません。中国の纏《てん》足《そく》と同じです。しかもハイヒールは、頭痛をも引き起こす。脳天がきーんとしてきて、おしゃれどころか、すっかり具合の悪い人になってしまう。もう誰でもいいから頼りたい、すがりたい。「お願い！　ワイン持ってきてー！」

とまあ数々のヒール失敗談がある私ですが、その甲斐あって上手な付き合い方を見出すことができました。

まずは、自分にとって履きやすいヒール高を知り、それを厳守すること。私の場合、50代の今は、5・5センチ。頑張って7センチヒールがぎりぎりかな。自分の限界ヒール高がわかると、無理な背伸びをして疲労困憊する事

ハイヒールを楽しもう♡
Sex & the City
キャリーさん
決して恵まれたプロポーションではないサラジェシカ
に共感
バランスの鬼 そのためのヒール
ダンサー脚も好みです
雑誌の中のモデルさんはヒザ下が1/3ぐらい
①
①
①
ヒザ
現実の私は
わあっ
錯覚ですが
少しでも下を長く
アクセントは上に上に
トップス小さく
涙ぐましい
靴をはきかえる女って生々しいからスマートにやって

態を避けられます。ついでに衝動買いも減って一石二鳥。

もうひとつは、替えの靴を持っていくこと。

漫画家という座り仕事の私は、なおさらヒール靴を日常的に履くことに慣れていません。だから長時間頑張ることができない。じゃあどうするかって、潔く履き替えです。

ヒールを履いて出かけるときは、必ずバッグに替えのバレエシューズを忍ばせます。パーティ会場やレストランを出るまではヒール靴で踏ん張り、店の外に出たらささささっと履き替え。タイミングが難しいし、人に見られたくないから緊張するしで、いつも嫌〜な汗をかく私ですが、これも、大大大好きな靴とおしゃれな時間を過ごすため。替えのバレエシューズは、その日のスタイルに合わせて選べるよう、ベージュ、豹柄、パテント*の黒、裏革の赤の計4足を常時ストックしています。

＊パテント
エナメル素材の別名。

SPRING

8

カットソー選びのメソッド

着用頻度の高いカットソー。なかなかぴたっとはまるものに巡り会えない、カットソー難民も多いことでしょう。私もそうでした。

長いカットソー遍歴から、今のところ導き出した答えは、「安易に買うべからず」です。

デザイン意図がわからない中途半端な襟ぐりのあき（日本ブランドに多い！）、お粗末な仕立て、チープな生地感。見た目や価格優先で「それなりに・適当に」つくられたカットソーには手を出さないほうが身のためです。

やけに肉感がむっちり助長されたり、顔立ちが貧相になったり。悲惨な結果を招くことが多い。とくに海外モノは、襟ぐりが大きくあきすぎていて、ネックラインが大幅に下がり、これじゃあ丸見え！　なんてパターンも。せっかくのコーディネートも台無しです。

買い求めるなら、女性の体つきやデコルテラインをよく研究してつくられたカットソーに限ります。よほどこちらに重大な過失がない限り、困った仕上がりは回避できます。

例えば、アメリカ生まれの「*three dots（スリードッツ）」。

考え抜かれた女性的なカットとシルエットは着痩せ効果高し。しなやかな綿素材でストレッチ性もあって着心地抜群。しかも頑丈で、洗濯してもなかなかへたれません。着回し率の高いカットソーは消耗品だけに、「洗濯に強い」というのも評価点ですね。半袖や七分袖を複数常備しています。

最近は、オランダ製の「*TRAMONTANA（トラモンターナ）」もお気に入り。

ナイロンとポリウレタン混合生地は、適度にツヤ感があって、カジュアルになりすぎないところがいい。ほどよい着丈で、体にぴったと沿うストレッチ素材。しかも５０００円以下という、コスパの高さもグー。一番の決め手は、スクエアの襟ぐり。大きくラウンドにあいたカットソーにありがちな下

＊three dots
アメリカ・ロサンゼルス発のカットソーブランド。ブランドのコンセプトは、pure（シンプル・洗練）、effortless（自然体の心地よさ）、luxury（最高の素材・上質感）。

＊TRAMONTANA
オランダ生まれのブランド。肌触りが良く、着回しやすい色とデザインのカットソーは、いつもバーニーズ　ニューヨーク新宿店で購入。

品な感じがありません。

ちなみに、カットソーのかなめは「襟ぐり」です。自分の首もとに、どんぴしゃな襟ぐりを早く見つけるが勝ち。ときには、自分に似合わない襟ぐりから潔く撤退することも必要です。

私の例を挙げると、秋冬のタートルネックがそれ。

「冬だ、タートルだ」なんて見出しに踊らされ、「首の短い日本人が、まじかよ？」なんて半信半疑で着用していたけれど、あるとき、首長の友人が美しく着こなす姿を見て決意しました。「もうタートルは捨てよう……」と。

もうひとつ、色について。ぜひ一枚は白を持つことをおすすめします。

これはカメラのレフ板効果を狙うため。撮影時に反射板で顔を下から照らすと、シワもくすみも飛んで、顔色が明るくなるという魔法のアレです。

しかも白のカットソーは、コーディネートのつなぎ役としても活躍します。上に重ねるジャケットや、下に合わせるスカートが少々苦手な色でも、うまく馴染んで不思議と似合うようになる。着物の半襟にもみられる「白」の効果、知っておくと便利です。

カットソーでわかる
ぎゃァァ
太り！
ぷっ
ちり
だからといって
ぜったい着たくないただのデカいTシャツ
直線だちのTシャツ
だらしない
ちょうどいいサイズ感が一番大切
肩あってる
キチンとパターンがあるカットソー
つかず離れず
次に質感
厚いのは×
硬いのも×
いいカットソーで肌が気持ちいい
しなやか
光たくがあって
シワさえ美しい素材
エリぐり←ソデ長さ←フォルム
スッキリV
Uネックまろやか
やさしい大きいくり
の順でしぼります
それから色だのデザインだの
基本のカットソーはお弁当のようなもの
いつでも新品を一枚ストック

SPRING

9

女のファンタジー⁉ 白いハンカチ

収集癖のない私ですが、唯一、20代の頃から少しずつ買い集めているものがあります。それは、ハンカチ。

ハンカチといえば有名な銀座の「和光*」や老舗の百貨店で、壮麗なレースの真っ白なハンカチを見つけるたびに購入。最近ではバーニーズ ニューヨークや、「アーツ&サイエンス*」などでも買い求め、〝処女性のシンボル〟と言われる白のハンカチコレクションは、今や2ダースほどになりました。

密に織られた綿ローンや、ぱりっとしたリネンのもの、なかには美しい中国の手刺繍ハンカチ「スワトウ」もあります。長期間放っておくと黄ばむので、たまにまとめて洗って漂白し、アイロンもきちっとかける。そうして、クローゼットには清廉潔白なハンカチたち――私のわずかな処女性が、ひっ

＊アーツ&サイエンス
スタイリストのソニア・パーク氏により2003年にスタート。ファッションを日常のための道具として提供。オリジナルのほか、国内外からのセレクトも。

＊和光
元は1894年に銀座に開店した服部時計店。国内外から厳選した紳士・婦人用品、時計、宝飾品などを取り揃えるセレクトショップの老舗ともいえる存在。

そり出番を待ちながら積まれているわけです。

女性なら誰しも、素敵なハンカチを持っている同性に目が留まった経験があるはずです。きちっとした人、おしゃれの隅々まで気を遣っている人、そんな気配が香り立つのでしょう。当の本人も、美しく清潔なハンカチを持っていると不思議と心が満たされます。

そんな白ハンカチですが、純白無垢な見た目とは裏腹に、意外にも男性には不人気だとか。タオル地のハンカチのほうが断然色っぽく、どきっとするらしい。汗が染みる感じが、いかにも生っぽくていいのかなあ。

あるいはゴージャスなハンカチから別の匂いを嗅ぎ取るのかも。「そのハンカチ、いくらするんだよ……（金がかかりそうな女だな）」と。まあ事実、素敵なハンカチは高いものです。男の目も節穴じゃあないんだな。

高価なハンカチは、友人知人に援助してもらうのも手です。「ハンカチ集めてるのよ～」とそれとなく伝えておくと、海外旅行のおみやげに買ってきてくれる人が必ずいるんですね。おかげで変てこなおみやげをもらう機会は減るし、ハンカチコレクションは増えるし。いいこと尽くめです。

白ハンカチは処女性の象徴なんですと
コレクションしてます 白レースハンカチ 銀座和光や バーニーズニューヨーク 必ずチェックします
なりはこんなでも心は乙女だぜ！
すーきやき すーきやき
ザッ
ザッ
ザッ
ザッ
ガサガサ
ガサ

夏

服でごまかせない夏は　心構えと技が必要

SUMMER

10

雨の日の足もとにご用心

雨の季節、気をつけたいのが足もとです。それこそ〝馬脚を露わす〟ではないけれど、雨に濡れると、いろんなことがばれちゃいます。

「この人、雨の日なのに普通に革靴履いちゃうんだ」とか。

「ストッキングがべた濡れでも、平気な顔してる」とか。

足もとから、その人のおしゃれに対するキメ細かさ、身なりへの注意の払い方や清潔感までが、丸見えになってしまう。雨の日って、本当に怖いなあって思う。

そうした目撃例がトラウマになっているのか、日頃から「雨の日靴」を数足準備するようになりました。

小雨なら、プラットフォームのヒール靴やワークブーツ。

本格的な雨の日に大活躍なのが、履き古した靴です。

ぴかぴかの新品ではない3年、5年落ちの靴だから、雨に濡れても気にならない。

なかでもハラコのサンダルは、適度に水を弾き、雨が汚く染みないところがいい。たとえ雨で足先が冷えていても、寒々しい見た目にならないところもポイントです。

最近購入したのは、ヒール約5センチのレインブーツ。パンツスタイルに合わせて履いています。パテントの黒のショートブーツなので、雨があがって晴れても、雨靴であることが全然バレません。

ちなみに、ストッキングや靴下が雨でドロドロに濡れると、履き心地も見た目もよろしくないもの。

そこで、真冬以外は素足で靴を履き、出先に着いたら足を拭くようにしています。雨の日特有のべちゃべちゃ、むれむれな足もとから解消されるので、おすすめです。

大雨の日は、思い切って長靴を履いて出かけます。

雨に弱い私
(熱さにも寒さにもな)
自然に弱いの
脆弱な街生まれ
いきおい
雨グッズや防災ものに
力が入るのであった。
ヨレヨレ〜
足がぬれると
弱るヤツ
雨の日に両手が空いている人ってサバイバルしそう。
風の強い時は骨の太い経のあるカサ
(小)古い靴を
雨の日用に
しています
昔々のバーニーズブランド
古いセルジオロッシ
雨の中ヒール靴を
ぬらしている女性って
何か……にぶそう……
欲しいのは
L.L.ビーンのこいつ
憧れは
カエルの長靴

愛用しているのは、フランスのアウトドアブランド「AIGLE＊（エーグル）」の深いカーキ色のラバーブーツ。乗馬ブーツなども手がけるブランドだけに、姿がきれいです。

英国ブランドの「HUNTER＊（ハンター）」をはじめ、最近はファッション感覚でブーツのように長靴を楽しむスタイルが定着。仕事先で大事な打ち合わせがあるとか、夜、会食でレストランに出かけるとかの予定がない場合は、長靴で出かけることが増えました。

ゲリラ豪雨やら、竜巻やら、アジアのスコールみたいな夕立も増えて、天候が荒っぽい最近の日本。思いがけず馬脚を露わさないよう、前もって雨の日の対処法をシミュレーションしておきたいものです。

＊HUNTER
英国生まれ、ラバーブーツの老舗。王室御用達ブランドとしても知られる。モデルのケイト・モスが野外フェスで着用したことでも話題に。

＊AIGLE
1853年フランス・ロワール地方で天然ゴム素材のブーツを提供したのが始まり。防水性と耐久性に優れ、足が疲れないブーツとして人気に。

SUMMER

11

正しいダイエット

女性のボディは、ウエストのくびれさえあれば、きれいに見える。

これ、私の持論なんですが、先日イタリアの大女優、モニカ・ベルッチが「女は腰さえくびれていればゴージャスなの」と何かで話していたのを見て、やっぱり！　と膝を打ちました。

ふくよかでグラマラスなモニカ・ベルッチ。

「スリム」という形容詞が当てはまるボディではないけれど、ウエストだけがきゅっとくびれているために、流線形の女性らしい、うっとりするようなプロポーションに仕上がっています。

ウエストのくびれって、視覚的な錯覚を生み出すのか、バストがより豊満に強調される効果もあるような。

対して日本人は「細いことが良いこと」という美意識が強く、痩せよう、スリムに見せようとしがちです。

でも、元々めりはりがない体をそのまま細くしたところで、魅力的なボディになるわけがありません。直線的で貧弱な印象に拍車をかけるだけ。ダイエットの向かう先が間違っていると思うんです。

モニカねえさん（まもなく50歳！）のように、くびれをぐいっと魅せていく。そんな「ウエスト至上主義」が、大人の女性にこそ必要な美ボディの条件であり、正しいダイエットのゴールだと思うのです。

そんなわけで、目下〝モニカボディ〟を目指し、正しいダイエットに励む私。最近はまっているのが「カーヴィーダンス」です。

カーヴィーとは、Curvy（曲線の）が語源。女性らしいしなやかな体づくりを掲げた、樫木《かしき》裕実《ひろみ》さん（こちらも間もなく50歳！）の提唱するダンスエクササイズです。

仕事の合間に樫木先生のDVDをつけては、アシスタントとみんなで挑戦するのですが、これがなんと、おもしろいほど効く！

正しいクビレダイエット
モニカ
ベルッチ
「マレーナ」はショーゲキ
男じゃなくてもついてっちゃう
どうにもならない
この体
このプロポーション
身長
フン!だ
体脂肪も
おとすには
限界あるし
でも
ただひとつ
思うままに
なるのが
ウエスト
ここは
背骨しか
ないトコ
姿勢をよくするだけで
マイナス5センチさ
ウエストなくても
バランスならな
ケイト・モスの
樫木式
「カーヴィーダンス」
10分だからできる
島本麻衣子さんの
「月ヨガ」
10分だからできる
「トランポリン」
2分だからできる
クビレや〜い!!

短い時間でも、お腹回りがきゅっと細くなったりして、目に見えた効果が実感できるのです。

一世を風靡した「ビリーズブートキャンプ」*とは対照的な、樫木先生のほんわか優しい問いかけも、ほどよい励みになって、ちょっとずつくびれが出現！　憧れのモニカボディにじわりじわり近づいているように感じる、今日この頃です。

＊ビリーズブートキャンプ
エアロビクスインストラクターであり格闘家でもあるビリー・ブランクス考案のエクササイズ法。米軍の基礎訓練「ブートキャンプ」が元になっているという。

SUMMER

12

大人の水着入門

水着といえば、真っ先に思い出すのが「三愛」*です。ありとあらゆるデザインの水着が一堂に揃う総本山。無数の水着が、わちゃーっと並ぶ圧巻の売り場。色と柄の大洪水。もうなんというか、まぶしいというか、くらくらするというか。

しかし、大人の女性たちは、間違ってもそうした〝若い人向け〟の水着売り場に足を踏み入れてはいけません。

脳裏にある「若い頃のイケてる水着姿」から、ついつい「水着を買うなら三愛。今でも着られるはず」と勘違いをしがち。ですが、かわいそうな結果に終わることは目に見えています。若い人の体に合わせたカットやライン、お手軽な質感、〝今〟の流行スタイルは、夏の刹那とはいえども、大人が上

＊三愛
国内No.1を誇る水着事業のほか、主に女性向けファッションを発信するメーカー。日本各地に水着専門ショップを持つ。

手に着こなすことは難しい。

もし大人の女性が水着を求めるならば、海外のランジェリーメーカーのものをおすすめします。

胸もとのあき、股がみのバランス、肩の見せ方、ストラップのかかり方など、大人の事情をきちんと考慮した親切設計。少々ラインが崩れていようが、肌のハリが衰えていようが、うまくカバーして素敵に仕上がるものが多い。ちなみに、私のお気に入りは「ERES*（エレス）」や「Donna Karan New York*（ダナ　キャラン　ニューヨーク）」のものです。

百貨店の下着売り場などで、季節問わず扱っていることがほとんどなので、海外旅行用に水着を探しているときにも重宝します。

下着メーカーのほかに、「Gottex*（ゴテックス）」を始めとする中東・イスラエル製の水着も好きです。

女性の顔と体を人前に出さず隠す文化ゆえ、その分内側の下着や水着で思いっきりおしゃれを楽しむ傾向にあるのか、機能やデザインが、細部までとっても凝っているんです。

＊ダナ キャラン ニューヨーク
黒にこだわり、ストレッチ素材を用い女性の体形をカバーするデザインを心がけた。ニューヨークらしい都会的で機能も兼ね備えた服。

＊ERES
1968年スイムウェアのメゾンをパリにオープン。自然な曲線美を導き出す水着デザイン。同じ流れを汲むランジェリーも、ファッショナブルかつエレガント。

まるでジュエリーのように胸もとに金属があしらわれていたり、遊び心がありつつセクシュアルな肩ヒモの設計だったり。また、柄ゆきが大胆でありながら、不思議と痩せて見えるところも高ポイント！　緻密に計算された水着は、ゴージャスでありながら、大人の女性にもぴたっと似合います。

さて、せっかく頑張って水着を着たのなら、パレオやストールぐるぐる巻き、完全防備のミイラはやめましょう。「1ミリも日焼けしたくない！」という気持ちはわかるけど、せっかく水辺にきたのに、それでは野暮！

せめて最初の5分ぐらいは、パレオもストールも脱ぎ捨て「水着着たよ！頑張ったよー！　どうよ！」ってばりっと水着姿を披露して、証拠写真をパチッと撮る。「よくぞ、頑張った」と自分も納得、彼氏や家族にも顔がたつ。あとはミイラでも何でも、お好きにどうぞ。

＊Gottex
イスラエルで生まれたスイムウェアのブランド。ファッション性が高く、上質でグラマラスな水着は世界で支持を集める。ニューヨークコレクションにも参加。

水着の最高峰は
三角ビキニでしょ
決まってるでしょ!
パッドがパンパンに入ってる
水着って
どーかと思うの
持ってるカラダを
愛してる!って感じに
仕上ってほしい
体型をごまかせる
スポーツ系もかっこいい
プールに
入ってはいけません
セレブ水着
中年で背中がキレイだったら
尊敬する〜♡

SUMMER

13

女の嗜み、お寿司

暑さが増し、体力の落ちる夏。食べたくなるのがお寿司です。酸味の効いた酢飯は食欲を促し、生のお魚を食べれば、体の細胞がぱーっと生き返るよう。これぞニッポンの酵素食。お寿司って素晴らしい！

特に疲れているときは、効果てきめん。夫婦でよく行く馴染みのお寿司屋さんが近所にあるのですが、もう駆け込み寺のように利用しています。

締め切りに追われまくり、げとげとに疲れていても、カウンター席へ這い上がり、大将が差し出す寿司をぽぽぽいっと口へ運ぶと元気になる。そんな頼りになる行きつけのお寿司屋さんを持つことは、大人の女の嗜みとして、ぜひ推奨したいものです。

とはいえ、ハードルの高い店も多いし、初めから気軽に通える店は、そうはありません。私もそうだったけれど、とにかくお寿司屋さんは、何度も足を運ぶことが肝心です。

顔を知ってもらう、それなりのお金を落とす。すべてはそこからです。年に何度か通って食べ続けるうちに、四季折々の旬の魚のおいしさや、味わいの違いがわかってくるのも楽しい。

心得としては、通ぶらずに食べる、素直においしいと感想を述べる。

連れ合いとの話に夢中にならないで、出てきたら即食べることが大切。なぜって、大将は一番おいしいと思う瞬間にお寿司をこちらに出しているわけですから、その瞬間を逃してはもったいない。大将の腕がこっちにすっと動いてきたら、構え開始。「置いた！」と思ったら「食った！」みたいな勢いでこなしたいものです。

香水はもってのほか、デコデコしてる爪も避けたいもの。女性でも、お箸ではなく、手で食べたほうが粋だと思います。ひとつひとつ、手で作り上げるお寿司は、同じく手でいただいたほうが食べやすいし、その日のお寿司の

お寿司屋さ〜ん♡
自己中心的な男とか
オレってさ
しゃべりつづける人とか
香水くさい女とか
指のキタナイ女とか
そういうヤツは……
キチンとした寿司屋には入るな！
大将との間合いを楽しむこと
素直に感想を伝えて
！、
このカオが大将がみたいカオ
にぎってもらったら
ホイッ
ポイッってすぐ食べて
お行儀の悪い人とは行きたくない
着物もいいですね うれしいね
こんばんは
スッ
品性が丸見えの場です
男も女も

状態もよくわかる。

ところで余談ですが、デートでお寿司屋さんに一緒に行くと、男性の実力がわかりますよね。

「大将」という店の雄、その絶対的な力に対して、どうふるまうか。男社会における立ち回り方みたいなものが自然とあぶり出されてしまいます。知ったかぶりして蘊蓄《うんちく》を語りだす男性がいるけれど、「あちゃー、大将のご機嫌が悪いよ」なんて、内心はらはらしちゃう。そんな男性じゃ、お付き合いしても先が思いやられます。

相手の男性を見極めたいときに一緒に行く。お寿司屋さんには、実はそんな隠れたニーズがあるのかも、しれません。

SUMMER

14

日本人の勘違いな美脚

肌の露出度があがる夏を前に、女性誌では「美脚」を謳《うた》った企画が目白押しです。

美しい脚は、女性にとって喉から手が出るほど欲しいもの。それ脚痩せだ、セルライトを防げ、むくみを出せとリンパマッサージやら各種コスメがにぎにぎしく誌面を飾り、みなこぞって美脚運動を展開するわけですが、そもそも美脚ってなあに？　というところを今一度考えたいと思うのです。

日本では、美脚＝細い脚という共通の思い込みがある気がします。

でも、細けりゃいいの？　というと、ちと違う。欧米の女性の脚を見るとわかるように、「美しい」と思う脚に欠かせない要素は「まっすぐであること」です。細かろうが、太かろうが、まっすぐ脚が伸びている。それこそが、真の美脚。

残念なことに、日本人はＯ脚や、がに股率が高く、脚を前からみると曲がっていることが多い。膝が前方に出たままの人も多いから、横からみても曲がってる。３Ｄで曲がってるんですね。これじゃあいくら脚痩せしても、美脚にはなれないんじゃないかと思うのです。

脚の曲がりを直す。正しい美脚法とは、ずばりそれでしょう。

生まれつきの骨格だから無理！　と思うかもしれないけれど、心がけ次第で多少は改善できるものです。

というのも、私は子どもの頃からずっと、がに股（涙）。周りからもよくそう言われていたし、自分でも「がに股だよなー」って自覚してた。なかば諦めてました。

ところが、大人になったあるとき、「もしや、何とかできるんじゃないか？」と思い立ち、歩き方の先生のところにお邪魔したんですね。

そうしたら、膝の位置を意識することを教えられました。歩くときに、膝同士を後ろから打ち付けるぐらいに擦って歩きなさい、と。自分ではそうし

まっすぐな脚♡
美少女コンテストで半分以上の娘が
←はなれヒザ。
ある日駅で……
あの人カッコいい!!
……と思ったら
誤
あれっ?!
正
似て非!!
なんでこうなったんだろ
カックンコ
カックンコ
「かわいい」から?
何着ても台無しよ
ガクガク
カンペキヒザ内向き
くるぶしが曲っちゃってる
パカッ
サイズのあわないヒールはやめなさいよ
ガニ股もな!!
ヒザの内側をつけて歩くこと
重心は高くここから下は脚だと思って
股関節を柔らかく
やめて!!

ているつもりでも、膝なんかぶつかりもしない。膝と膝の間が13センチぐらいあいたまま、歩いてたんです。

以来ずっと、膝をくっつける意識をして歩くようにしていたら、驚いたことに、だんだんと膝がぶつかるようになって、離れていた脚がくっついてきました。内モモの肉もそげて、お尻もあがったみたい。意識を傾けていれば、歩き方どころか、脚の向きや形も変わることを知りました。

「細さ」への執着から抜け出して、骨盤からまっすぐ脚が下りるイメージをもつこと。歩き方に加えて、股関節や骨盤回りをやわらかくする骨盤体操も有効です。姿勢の悪さにより腹筋・背筋が衰え、O脚やがに股がさらに進むので、良い姿勢を保つことも必須。

美脚があれば、おばあちゃんになってもスカートが楽しめる。ネバーギブアップ、真の美脚を目指せ！　です。

SUMMER

15

老いは、二の腕からやってくる

太い細いにかかわらず、加齢とともに肉がぽてっとたるみ、べちゃっとつぶれた見た目になってしまうのが、二の腕です。どうしても年齢が表れてしまう部位のひとつ。

一番手っとり早い解決策は、やはり筋肉をつけることだと思います。私が実践しているのは、後ろ向きの腕立て伏せ。普通の腕立て伏せよりも、二の腕の筋肉をくまなく使うので、かなり効果的。とにかく3週間、毎日やってみると、内側に筋肉を秘めた、ぷりっとした二の腕を実感できるはずです。

二の腕の様子が、「なんだか、たぷ〜ってしてるな」と思うときは、筋力不足のほかに、背中からの滞りも疑うべきです。

デスクワークの連続によって、だんだん背中が詰まってくると、脇の下も

老いは2の腕からッ?!
自分のにのウデに…
メリハリない太い
つぶれて更に太い。
うしろ腕立て伏せ
とりあえず肌はみがこう
体操はしとこう
透けたソデもかくせるし
ドルマンスリーブし
2の腕かくし
5分7分ソデもスッキリする
いっそノースリーブ着ちゃった方が緊張感で美しいわよ
心いきがオシャレ!

詰まる。そうすると二の腕にシワ寄せがくるんですね。たるむ、太くなる。そういうときは、肩甲骨《けんこうこつ》が埋もれているので、ストレッチで肩甲骨を上下させたりして、背中からやわらかく、ほぐしてあげる。リンパドレナージュで背中から肩首まで、くまなく揉んで流してもらってもいいです。

もうひとつ、意外にも引き締め効果があると思うのが「二の腕を遠慮なく出す」こと。

もともとノースリーブ好きの私は、二の腕を隠さず、「えいっ」と思い切って出しちゃう派。季節問わずノースリーブを愛用してますが、それが「たぱ〜」っとした二の腕にほどよい緊張感を与え、老化防止に功を奏しているように思います。

恥ずかしいから隠す、守るではなく、がんがん見せる、攻撃に回る。攻撃は最大の防御なり、です！

SUMMER

16

旅には、軽量ドレスアップセット

旅のチャンスが増える夏休み。旅先でも、いつも通りおしゃれを楽しみたいものですが、あれこれ欲張ると、あっという間に荷物が増えて重くなる。ゆえにパッキングは、大人の女性の手腕が問われるところでもあります。

とくに頭を悩ますのが、ドレスコードのある（または、ありそうな）レストランでのファッション。昼間と同じ観光スタイルの流用では場違いだし、かといってドレスだ靴だのと大げさすぎる装備では、かさばって荷物になる。

以前、日本のとある高級リゾートホテルで食養生プランを利用したときのこと。

滞在中はトレッキングやヨガでひたすら汗を流し、食事は質素な玄米菜食。

燃える!
ディナーセットづくり
ドレスは極力
小さく軽いもの
シルク&ジャージーのタンクワンピ
アクセ
サンダル
フルウィッグ
ドレス
ショール
台所のはかり
ウィッグはキチンとカット&セットしたスタイル
昔々の少女まんがの主人公が変身して再登場するシーンが大好きでしたネ そういえば
くるんで
同じだがちがう
昼⇨夜
リュックの底に
旅用化粧品をパーティーバッグに入れてしまう

ところが最後の晩に、レストランでのフランス料理ディナーがプランされていました。

それまでスウェットメインなのに、いきなりフレンチ。国内旅行だから何としても荷物はかばん1個におさめたい。「どうしたものか〜」。うんうん唸り頭をひねって考え出したのが、超小型軽量のドレスセットです。

ワードローブから選んだのは、前面はシルク、後面はシルクジャージー素材のノースリーブワンピース。いわゆるリトルブラックドレスで、やや膝上丈のミニマムなもの。これをコンパクトに畳みます。

靴は、「マノロ ブラニク*」。靴底・ヒール・ストラップのシンプルな構造で、重さ約150gのヒールサンダル。ここに、ドレスアップ用のウィッグをぽこっとかぶせ、冷房対策のうすいショールを風呂敷代わりにしてくるめば、ドレスセットの完成です。

髪のボリュームを増し、ドレススタイルがよりゴージャスになるため重宝しているウィッグは、普段から髪を一番短くカットしたときと同じスタイルのものを常備。パーティや写真撮影のときにかぶるようにしているのです。

*マノロ ブラニク
エレガントかつセクシーなヒール靴は、セレブを始め世界中の女性を虜に。ドラマ「セックス アンド ザ シティ」にもたびたび登場し人気を集めた。

あとはセットを旅行かばんに、ぽいと放り込むだけ。軽くてコンパクトだから、荷物に響かない。現地で簡単にドレスアップが叶い、ほどよく肩の力が抜けた〝きちんと感〟のある装いになる。我ながら上出来のアイテムです。

ちなみにウィッグの中には、ドレスに合わせたいアクセサリーを仕込んでおきます。当然ごてごてした重たいものは避け、軽さと豪華度を優先してパールやゴールドなどをチョイス。大きなバングルひとつ、みたいなときもあります。

そして、ミニバッグも忘れずに。ビーズなどのきらきらした装飾の布製クラッチバッグに化粧品を詰めて旅先へ。レストランへ出かける際は、外側(バッグ)だけを使います。

このセットのポイントは、とにかく「軽さ」。いつも秤で重さを量りながら、1グラム単位までこだわって作っています。もっとも軽い組み合わせを見つけるゲームみたい。すっかりはまってしまい、今では旅前のお楽しみになっています。

SUMMER

17

下着問題

洋服のように、下着もまた時代や年齢とともに変遷するもの。

私の場合、バブル全盛期はイタリアの高級ランジェリー「LA PERLA*（ラ・ペルラ）」を愛用。ゴージャスな総レース、パンティ1枚3万円（！）という、見た目上等！　価格上等！　な夢の世界。いけいけ、どんどんなバブル時代らしいなあ……と感慨深く思い出します。

その後、54歳で病気をし手術を経験してからは、「もう優しいものしか着たくない。肌触りもよくないと嫌！」と、レースなし・色なしの質実剛健なスイスブランド「HANRO*（ハンロ）」に乗り換えました。夢のバブルがはじけ、服も下着もシンプルに方向転換といったところでしょうか。

＊ハンロ
1884年にスイスでニットウェアメーカーとして創業。しなやかに肌を包みこむ下着や肌着は、一度体験すると病みつきに。アウターに響かない設計もうれしい。

＊ラ・ペルラ
50年以上の歴史があり、エレガントなランジェリーで世界中にファンを持つ。近年プレタポルテも手がけ、伊勢丹新宿店には専門店がオープンし再び話題に。

下着でカラダをつぶしてはいけない!

さて、一見正反対に思える、ラ・ペルラとハンロですが、実は共通点があります。そこが下着選びにおける、私のこだわりでもあります。それは、どちらもヨーロッパ製の下着であるということ。

ヨーロッパやアメリカなど、欧米製の下着の良い点は、女性の胸を締めつけないところです。

女の人の体はやわらかいし、ぽわんとしてるほうがいいという価値観からか、基本的にアンダーはゆるめで、おっぱいをゆるーく泳がせる感じ。ブラもパンティも縫製が立体的で、欧米の人の体格や顔つきのように、とても「3次元的」なつくりです。

対して日本は、着物に代表されるように、布2枚をぱたんと貼り合わせ、端を縫うという平面志向。2次元の文化です。

悲しいかな、体格と顔つきもそう。だからなのか、立体的な欧米の下着に比べて、日本製の下着は平面的で、「つぶす」「締めつける」というものが多い気がします。サイズ設定も小さくて、きゅうくつなものが多い。

3次元な下着のほうが体に無理がなく、圧倒的にリラックスできる。だから私は好んで欧米の下着を愛用しています。

しかも、欧米の下着をつけると、体つきが立体的に変化して、同じ欧米生まれの3次元な洋服が、きれいに着こなせるようになる。それもまた好んで愛用する理由でもあります。

ところで、欧米の下着にはパッドなしの乳首が丸透けになるブラがよくあります。敬遠する人も多いけれど、実は私、あのブラの愛好者。

なぜかというと、とっても楽だから。布でふんわり覆って、下からおっぱいを支えるだけのつくりは、胸が楽ちん。あらゆる苦しみに襲われる仕事のときなんかは、あのブラで体を解放してあげると、実に気持ちがいい。

問題は「乳首」です。何をどう上に着ても、確実に乳首のシルエットが、ポチッと露わになる（笑）。さすがに胸をポチらせたまま外に出かけるほどの猛者ではありませんので、胸元に大きなロゴ入りTシャツを着てごまかしつつ、家でせっせと仕事に励んでいます。

秋

おしゃれ心が深まる　セカンドシーズン始動

AUTUMN

18

危険な、大人カジュアル

バーベキューやピクニック。行楽地への家族旅行。アウトドアでのイベントごとが増える季節は、カジュアルダウンした服装で出かける機会も多くなります。

ところが、この「カジュアル・ファッション」、大人の女性にとっては、ヒジョーに危険な領域です。

なぜかというと……。以前目にした、とあるテレビドラマのひとコマ。男性ばかりの職場で働く、おしゃれに無頓着な女の子を演じるのは、モデルの香里奈さん。すらりとした長身の美女が身を包むのは、デニムにネルシャツ、スニーカーというカジュアルの王道ファッションです。

ところが、その恰好のせいで完璧なプロポーションも麗しい美貌も影をひそめ、煌めきもオーラもきれいさっぱり失せていた。恐ろしいほど〝フツー〟の女の子に見えた。

カジュアル・ファッションには、女らしさや素敵さというものを打ち消す、ものすごい破壊力が潜んでいる。そんな服の怖さを実感した瞬間でした。

若い美女でもそうなのだから、私たち大人の一般人が実践する場合には、相当慎重に、すみずみまで注意深くならなければいけません。

一歩間違えば、〝ダサいフツーのおばちゃん〟。日々研鑽を積んできたおしゃれ道も、水の泡。

そこで、大人のためのカジュアルの法則なるものを考えてみました。

まず、カジュアルの代名詞「デニム」は、どう扱ったらいいか。

信頼のおけるおしゃれ先生（某アパレルのトップデザイナー、通称〝丸さん〟）に相談してみたところ、「穿くならスキニーが一番！」との解をいただきました。

ダメージ感のあるストレート、太めのバギーなど、デニムの流行はさまざまですが、大人が穿きこなすには難易度の高いものが多い。間違っても、裾

デニムの河は急流である
わー／今度は細めなのね
色は暗めで少しキレイ目でテーパーなのね
焦る。いつもデニムを探しているような気がする
毎年買わずにおれん
特別なデニムファンでもないのにハメられてる？
ずっと着つづけている「私のパンツ」というのがある
ブルーデニム ワークパンツ
グレーデニム ストレート セブン
黒スリム アギネスデザイン
カーキデニム スリム ヤヌーク
これで云ル分なのだ自分の基本を確認スル。
おしりが上ってみえて脚がまっすぐみえるコト！
基本はスリムでしょ
こういう人は一生スリムはいて！
丸
うわー！っどっこも決まらないっ
いわゆる501とかボーイズデニムは着られるけどちっとも似あわない！
LIFE
伊藤理佐さんの「私はデニムをやめました」というエッセーを読んでひとつの見識だと思いました。

のロールアップなんかに手を出したらいけません！

流行に左右されず、とにかく脚がすらっと見える細身のスリムタイプ、スキニーを選んでおけば確実。自分の体が一番きれいに見えるデニムを選び、今年らしさはトップスやブーツ、バッグで出していくべきだとか。納得。

それからデニム選びは、百貨店やセレクトショップで。近所のスーパーが扱うチープなものだと、色落ちや型崩れが激しく、穿きこむにつれ予想外の変態を遂げることに。デニムといえども、大人ならば質の良さを追求したいところです。

そして、スニーカーは避けるが無難、です。

そもそもスニーカーは、若さ、快活、躍動感の象徴。年齢を重ねた大人の足もとには、少々無理があるし、女度もがくんと下がります。

上手に履きこなす自信がない私は、一足もスニーカーを持っていません。山登りにはそれなりのトレッキングシューズを、足場の悪いアウトドアには、ドクターマーチンのブーツでがしっと出かけています。

もう少し街仕様ならドライビングシューズ、暑い季節なら厚底で安定感のあるウエッジソールのサンダル。

　真夏だったら、思いっきりリゾートっぽく、ロングのキャミソールワンピやシャツにクロップドパンツ、足もとはぺったんこのジュエルサンダルも良さそう。

　かといって、あまりにTPOを無視しすぎた靴は困りもの。

　少し前に屋久島を旅したときのこと。早朝からのトレッキングツアーに出かけたら、ヒールを履いた女子の集団に遭遇して、唖然としました。

　こらこら！　どう考えても無理だろ！　アンチ・カジュアルな心意気の表れなのかもしれないけれど、これでは「おバカさん」のひと言です。

　大人の女性は、くれぐれもこんな愚行のないように気をつけましょう。

AUTUMN

19

レイヤードに手を出すな

長袖の上に半袖を重ねたり、ワンピースの下にデニムを重ね穿きしたり。「重ね着」を楽しむレイヤードスタイルが、若い人たちの間で人気です。

この「あれこれ重ねる」というレイヤード、欧米ではあまり見られない特殊なスタイル。

平安時代に始まった「十二単」にも通じる、とっても日本的な文化ではないかと思います。

若者特有の〝レイヤーの才能〟が外国メディアで取り上げられるのは、クールジャパンということで、まあ良しとして、大人の女性がレイヤードに手を出すのは、いかがなものかと思うのです。

デニムの上にスカートやワンピースを重ねて着ちゃうなんて、学生服の下にジャージを穿く名残り!?

大人の女性、とくに中年期の女性は、若者の感性や時代感とはどうしてもズレがある。

ゆえにできあがるレイヤードは、垢抜けず野暮ったい印象に陥りがち。農村のおばちゃん風とでもいいましょうか。迂闊に手を出すのは危険です。

そもそも欧米では、ランジェリーにワンピース、脚も素足が基本。ワンピース1枚をさらりと着て、下着すらつけてないんじゃないの!? なんてドキドキさせられちゃう欧米の女性のほうが、やっぱりおしゃれだし、かっこいいと思うんだけどなあ。

私がレイヤードに賛成できないもうひとつの理由は、大人の重ね着には、「隠したい」という心理が働いているように思えるから。

体のラインに自信がないから、覆い隠そうとしてどんどん重ねちゃう。怖いからたくさん重ね着して、アクセサリーもいっぱいつけちゃう。気合いばかりが盛りつけされて、満艦飾なオンナのできあがり! うーん、

レイヤードもほどほどに
モサ～
中年の「森風」はとお～っても危険
森が似合うのは蒼井優さんだけ。
訳あってのレイヤーは説得力あり。むしろ美！
スッキリを目指した方がオシャレの腕が上る。やせる。
ひとつひとつはどこも悪くない
でもどこにも切れ味がない
何かをかくそうとする下心が…美しくない。
Hello Hello Hello Hello
これもレイヤードの一種
盛りこみすぎなん
ギラギラ
いいか幸せそうなら♡
百貨店で見かけたステキ地味なマダム
品がよくて美しかった
こんなスーツ姿が決まる「老」ならなってみたい
（ムリだが…）
首と姿勢がバツグン♡
新品などでなくよく手入れされたスーツ

かっこ悪いかも。

いつもの盛りつけの半分はおろすぐらいの覚悟で、勇気をもってはぎとる。レイヤードをやめて、シンプルに勝負する。

その堂々とした姿のほうが、よっぽどかっこいいし、洗練された印象を与えます。

出かける前に鏡の前で、まずは服を1枚、アクセサリーをひとつ、取ってみませんか。

もし恥ずかしくなったら、さっと羽織れるショールを1枚持って出かければ大丈夫。

重ね着をやめると、ボディラインが露わになるけれど、むしろ〝自分の今〟を知るいいチャンス。体磨きの新たな目標設定にもつながります。

AUTUMN

20

どうにかしたい、ばばシャツ

肌寒い季節になると活躍し始めるのが、冷え性の救世主、ばばシャツ。ほとんどの女性が冷えを抱える今、必需品となりつつあるアイテムです。かくいう私も冷えにはめっぽう弱く、常にお腹を保護していないと不安。ばばシャツが手放せません。

問題は、その色とデザインです。見るからに「おばさん」な肌色のアレが、ブラウスやシャツの襟もと、かがんだときのウエストの後ろあたりから、ひょいと顔を覗かせてしまったが最後。おしゃれも、素敵さも一瞬にして台無し。その負のパワーといったらありません。

ボディスーツだーい
言っとくけど
こういうのでは
ありません
夢のような生地と
着心地で
そっと体を
整えてくれるもの
下着の中でも
とっても
センシュアル
中に着ておくと
←ココが美しくなる
もちろん
一枚ばきで
ストッキング会社の
つくる
ボディスーツも
モダンです
これもオールインワン
ふだんは
ユニクロの
ブラキャミと
ツェルマットの
ソフトーな
ガードル
いちばんプレーンなヤツ

そんな女心を汲んでか、改良に改良が重ねられ「おしゃればばシャツ」なるものが次々に登場。いかにばばシャツ「らしく」なく、おしゃれ服に溶け込むか、各メーカーしのぎを削っております。が、所詮は肌着。なかなか「素敵！」と思えるものには出会えません。

「ばばシャツ」としてかつて私が愛用していたのは「アンテプリマ」*のキャミソール。色展開も豊富で、下着と洋服の中間のようなシャレたデザイン。薄地だけどお腹をしっかり保護してくれる優れモノでした（現在は、販売されていないそうです）。

実は、ばばシャツよりも、よっぽど冷えにもおしゃれにも万能なんじゃないかと思うのが、最近はあまり見かけなくなった「ボディスーツ」です。

80〜90年代の輸入下着全盛期に、日本にも紹介され認知度の高まったランジェリーの一種で、オールインワンと呼ぶことも。ブラとガードルが一体化した、薄地のレオタードといった感じでしょうか。お腹をぴたっと保護するので、思いのほか温かい。冷房でお腹だけが冷えちゃう夏なんかにはとくに重宝するんじゃないかなあ。

＊アンテプリマ
色とりどりのワイヤーバッグでおなじみのブランド。大人の女性たちに向けた、遊び心があり洗練されたデザインのファッション小物やアクセサリーなども展開。

ばばシャツとは違って、腰回りや脇の下がもたつかず、体のラインがすっきり見えるところが、最大のメリット。上に重ねる洋服がきれいに映えます。ばばシャツのもたっとした重ね着よりも、効率良く美しい。

日本では、シェイプ肌着として売られていることも多く、体を締めつける窮屈な「補整下着」のイメージが定着し、嫌悪感を抱く人も多いけれど、輸入モノのボディスーツは、息苦しいボディシェイプを必ずしも謳っているわけではありません。

綿素材のものや総レースでストレッチの利いたものなど、いろんなやわらかさのものがあって、補整下着のもつガンダム的なメカっぽさはなく、エレガントでうっとりするようなデザイン。なかにはとびきりセクシーなものも。ばばシャツより、確実におしゃれ度のあがるインナーだと思うのです。

AUTUMN

21

バッグは雑材を持つべからず

靴に負けず劣らず、浪費遍歴の長〜いものが、バッグです。失敗を繰り返しながら、時には人に譲ったり、きっぱり断捨離したりして、今では15個前後に落ち着きました。

あらゆるシーンでおしゃれを支えてくれる、心強いオールスターたち。実はそのほとんどが、革製です。

なぜ「革」なのかというと、30代の頃、スタイリストの友人にこう言われたから。

「大人たるもの、雑材を持つべからず」。

つまり、大人なら「革を持て」ということです。

以来、買い求めるのは徹底して「革製」。丈夫で長持ちなのはもちろん、上質な革のバッグは、独特のツヤがあって、風格や気品みたいなものを備えています。そのため、どこへ持っていくにも恥ずかしくなく、応用力が高い。不思議とコーディネートが引き締まって見え、おしゃれもグレードアップする。しかも、加齢による衰えやパワー不足みたいなものも革が補ってくれます。なんてありがたい！

友人の助言を裏付けるかのように、あまり使いこなせず手もとにも残らなかったのが布製のバッグです。

素敵な布バッグはたくさんあるけれど、やはり革に比べるときちんと感、高級感に欠け、どうしてもカジュアル感がぬぐえません。合わせる洋服や持って行ける場所が限られてしまうところが弱点。

例えば、エルメスの布製トートバッグ「フールトゥ」なんて、その代表選手。

１９９０年代後半にニッポン女子がこぞって買い求めていたアレです。エルメスにしては廉価で、書類がちょうど入るトートサイズのためオフィスバ

エンリー ベグリン
ライム・グリーン 40cm
ドーンと荷物のある日
エルメス
ソフトケリー
バラ色
ロエベ
アマソナ 33cm
マット・クロコ
プラダ 34cm
水へびプリント
ベージュ
アントネッロ
明るいエンジ
プレーン
ピープルで
アニヤ・ハインドマーチ
うちの昔の猫の転写プリント
冬エバゴス
うさぎ
夏エバゴス
ぜったいおススメ
ユニセフのエコバッグ
ナイロンですが。
ロンシャン
ハラコ
ケイト・モス
デザイン
フェンディ バケット
黒金ビーズ
病あがりに
新宿イセタンで
バク買い
シャネル
エナメル赤
アニヤ・ハインドマーチ
雑誌型クラッチ
ブルー系
マーク
ジェイコブス
YSL
柔らかいエナメル
マルニ
スウェードこげ茶

ッグに愛用していた人も多かったようですが、いくらエルメスとはいえ、カジュアルなあの質感が格調高い公の場にふさわしいかというと疑問。レストランに提げていくのも憚られます。

そもそもトートバッグというものは、屋外での実用性を重視したバッグのこと。

アウトドアブランドの「L.L.Bean*（エルエルビーン）」が、外で氷や水を運ぶために開発した帆布製バッグが原型とも言われています。そうと知ると、トートバッグが華やかな場にふさわしい正式なバッグではないことがよくわかります。

だいたい、元々は馬具メーカーのエルメスが作った、トートバッグのフールトゥ。もしかして馬のにんじんを入れるバッグだったりして……。

お手頃な値段の布バッグではなく、革製バッグをコレクションしていく。大人の女性には断然そのほうがおすすめだし、長い目で見てもお得です。

＊L.L.Bean
アメリカ生まれのアウトドアブランド。キャンバス地のトートバッグや、レザーとラバーを組み合わせたビーンブーツが有名。

AUTUMN

22

髪の毛で、おしゃれ3割増し

髪は女の命です。って、これホントにそうです。

髪型が似合ってるとか、おしゃれに見えるとか、そういう見た目ももちろん大切だけれど、ずばぬけて重要なのは「きちんとしてる」感。つまり、健康的な髪質、ゆきとどいた手入れ、清潔感。それだけで、おしゃれが3割増しぐらいに感じられるものです。

伸ばしっぱなしでぼさぼさ、まとめヘアだけど枝毛やおくれ毛がぼうぼう、加齢でツヤも水気もないロング、無理な縮毛矯正によって枯れ草の暖簾になってるボブ……。

そうしたなおざりな手入れの髪を目撃するたびに、お気の毒な気持ちになります。「ああ、髪の毛で損してるなあ」って。

そこで大切になってくるのが、髪の状態を左右する地肌のケアです。毛穴を詰まらせない、すーすー風通し良くさせておく。

そうすると、地肌が活き活きして、キューティクルの整った美しい髪の毛が生えてくる。

私が実践しているのは、まずシリコン入りのヘアケアは使わないこと。キューティクルを滑らかに、つや〜っと整えるシリコンは、毛穴をもぴたっと蓋してしまうといいます。余分な根元の脂や汚れが落ちにくくなって、地肌も髪も荒れる原因に。

そして、お風呂に入る前は、必ず頭皮のオイルパックをします。

地肌を硬めのブラシでブラッシングして汚れを浮かせたら、オイル（「ヴェレダ」*のヘアオイルや椿油）を頭皮に馴染ませ、両手の指の腹でごしごしマッサージする。そうして頭皮をよぉくふやかしてからシャンプーすると、汚れが根こそぎとれてすっきり！　このひと手間で、髪の質がだいぶ改善されました。

＊ヴェレダ
医学や農学などの分野で活躍したルドルフ・シュタイナーが創設。有機栽培農法で育てられた植物や自然界に存在する物質だけで作られている。

さらに〝育活〟（育毛活動）にも励んでいます。

薄毛で悩んでいるというほど深刻ではないけれど、ここ最近、髪の毛のコシがなくなって立ち上がりが弱くなり、ぺしゃんと寝てしまうことがしばしば。当然、ヘアスタイルが決まらない。

行きつけのヘアサロンで相談したら紹介された、女性用の育毛剤にトライ。コツコツと2年以上続けるうちに根元が立ち上がってキター♡。

そうしてせっせと髪の土台を整えて、ようやく「じゃあ、どんなヘアスタイルにする？」です。

大人の女性のヘアスタイルに関して言えば、どんな長さであったとしても、とにかく自然なカットを心がければ失敗がないと思います。

くれぐれもAKB48みたいなアニメちっくなヘアにはしないこと。

かといって、重たいストレートのロングヘアも情念の塊みたいで怖いですよね。どうしたって髪の質は劣るから、相当手入れをきちっとしなければ見るに堪えない姿になってしまいます。

ヘアクリップやシュシュなんかのヘアアクセサリーをがちゃがちゃつける

日本的だよね
日本的すぎ
ツルが外→
こういう高校生見た
ドメスティックすぎだって!!
ヘアスタイルが決まれば
私がドキッとするのは
角刈り!!
意味不明
40代に多い
う〜ん
ベリーショートはアギネスがベスト
美しい髪は宝です
ナチュラルでスケール感のあるスタイルがよろしいかと
ロマン派
いくらキレイな髪でも長スギはダメよ〜
くるっ
負け犬の遠吠えだが女っぽいヘアだと着るものを辛口にしないとトゥマッチだよ。

のも、大人のヘアには考えもの。

やはり変に流行りを追わず、その人の持ってるキャラクターや顔の形、髪質と相談しながらベーシックを目指すのが一番。

個人的には、私のように背が低い人は、髪の毛は短いほうが、バランスがとりやすいのではと思います。

あとは、同年代の女優さんやタレントさんを参考にすると間違いがないと思います。

色もスタイルも、時代の気分をほどよく取り入れつつ、細かなメンテナンスや微調整を怠らない彼女たちのヘアスタイルは、恰好のお手本だと思うのです。

AUTUMN 23

アクセサリーは、パール、黒、白、ゴールド、ダイヤモンド

ついつい増えるアクセサリー。でも、着用頻度の高い〝使えるもの〟はほんのひと握りです。

例えばシャネルのネックレス。トレードマークのCCマークがついた、じゃらっとしたタイプを買ったはいいけれど、手持ちの服とは折り合いがつかず、お蔵入り。デザインが大げさすぎて浮いちゃうんですね。そんなアクセサリーの中で、結局最後に使えるものとして残ったのは、シンプルでベーシックなアクセサリーでした。

究極のアクセサリー、私のそれは〝パール、黒、白、ゴールド、ダイヤモンド〟です。

まずはパール。やっぱり日本人には、一番肌馴染みがいいジュエリーだと

思います。但し、真円のパールだと冠婚葬祭色が強くなり、どうしてもおしゃれになりにくい。

そこで愛用しているのが、持て余していたフォーマルな45センチのパールネックレス2本をつなげて長く作り替えた80㎝のロングタイプ。

加えてバロックパールもお気に入り。不揃いの粒感が、ちょうどよいグレードダウン感。ワードローブと合わせやすく、使い勝手もマル。短いの、長いの、白、黒と持っています。

最近の大ヒットは、ハーフアンドハーフ。半分はオニキスのビーズ、半分は白のバロックパールのネックレス。白と黒のコンビで、合わせる洋服の幅がぐっと広がるし、どこをフロントにもってきてもいいフレキシブルなデザインが気に入っています。

続いてゴールドは、金の鎖にシルクの糸が通してあるネックレス。シャネルのバッグの持ち手みたいなつくりで、モノトーンな装いのアクセントに最適です。

そしてなんといっても、永遠の輝き、ジュエリーの王様、ダイヤモンド。

こつこつ働いて、えいや！　っと買い足してきた私のダイヤは、アクセサリーヘッドと指輪の計3粒。

アクセサリーヘッドは、実は20代のときに購入したもの。漫画を描けなくなったら、これを売って屋台を買おうと手に入れました。ひとりで完結できる最小限の仕事＝屋台と考えたんでしょう。幸いにもまだ屋台をやらずに済んでいるので、胸もとに健在。普段に、食事会にと、ヘビーローテーションしています。

ダイヤモンドは、洋服も場面も選ばない、本当にオールマイティなジュエリーです。しかも、その輝きは大人の女性の力強い味方！　米粒大のダイヤモンドや、ましてやイミテーションでは力不足。年齢があがると、比例して似合う素材のクオリティもあがっていくものです。そこは年齢に応じて、きっちり合わせていったほうがいいと思う。

例えば、旅先のアジアで購入したチープなアクセサリー。旅先で楽しむのはいいけれど、日本に帰った後はどうかなあ。あまりに素朴なもの、あるいはオモチャ的なものって厳しいと思うんです。よっぽど野性味のある人だっ

つけないとちょっと淋しい
中年かな♪
42センチ苦しいわ
背がないので長すぎもムリ
あっ
80センチがちょうどかな〜
白×黒のハーフ&ハーフ使いやすい
あらたまりすぎなくて使えるのが
バロック黒46センチぐらい
パリの真珠屋さんで組んでもらった♡
夏のガラスMHL
冬のマルニ
時計はギア度とジュエリー度のバランス
私はギア派
ちょこっと光れば良し
冬時計
ゴムベルト使いがシャネル女史っぽいりな〜
夏時計
ロレックスステンレス白
金×ダイヤ
1mm
金×マルチカラー
ピンキーリングは自律神経をととのえる
——とか何とかきいて……お買い上げ〜。
ふっふっふ

たら似合うのかもしれないけれど。

あるいは、最近よく見るパワーストーンのブレスレット。あれも賛成できません。大人の女性がしていると、リアルに「体悪いのかな」って思っちゃう。具合が優れない、そのためのお守りだろうかって。黄色い長財布持ってる人を見ると「金運祈願だな」って思うのと一緒ですね。意図せずとも、そういう必死の願いがバレてしまうのって、おしゃれとは言えんだろう、と思うのです。

大人になれば、もう数もそんなに必要ない。使い回しのきくシンプルで、優良なものを。それがアクセサリーの極意だと思います。

AUTUMN

24

財布は人生を表す

財布を見ると、その人がわかる。

そのくらい、人となりや暮らしぶりを反映してしまうのが、財布だと思います。

丸々太っちゃって、もはや口が閉じられない財布。カードやレシートで、ぶっくぶくに膨らんでいる姿からは「片付けられない女」が透けて見えるし、レジでモタモタ、小銭を落とす、お札をスムーズに出せない。財布に手間取っている人を見ると、「この人、人生全般に手間取るんだろうな……」なんて余計な心配をしてしまう。

一事が万事。財布を侮るなかれ、です。

ヒロコ・ハヤシさんの
おさいふ
3年も使ってマス
20cm
ヤギ革で
やわらかいの
ガバーーッ
小銭をすぐ使えるので
いつもスカスカ
軽やかです。
みなさん おどろいて
くれます
特にお店のおかみさん達に
ウケる！
それどこの？
2・3日に一回
領収書の整理
コイン
カード
札
領収書
会社の箱へ
家計ボへ
私だけのもの
ものの5分ぐらいだが
やるととってもスッキリする
友人のサイフも
ステキだ
パリで
アブリル・ガウ
柔らかい
黒い革でボチボチ付き
かわいいんだか
強いんだか甘辛
バランス!!
人柄が
しのばれます
私…
レジで
前の人の
サイフ
ガン見
します
（ゴメンネ）

仕事や会食、レストランでの食事など、数々のオフィシャルな場面で人目に晒される財布。べりべりっとマジックテープをはがすカジュアル財布、心は乙女なキティちゃんのビニール財布は、せいぜい大学生まで。やはり大人の女性なら、着ている洋服と同等のレベルのものを持ったほうがいいと思います（もちろん、それなりの〝いい服〟を着ていることが前提ですが）。

しかも、財布は年収にも作用するとかしないとか。

お金持ちたちの財布を山ほど見てきた税理士の著者による財布のハウツー本には、「年収は財布の200倍」とありました。つまり、3万円の財布なら、200倍の600万円が稼げるという原理。真偽のほどはわからないけれど、「お金の家である財布は、それなりのものをあつらえよ」という論理には、大いに納得できます。

さて、私の財布はというと、ここ数年ずっと「HIROKO HAYASHI」*の長財布です。

上質な山羊革のやわらかな触感で、ぱかっと開けると出現する、顔が入りそうなほど大きな小銭スペースが特徴。まさに、パリのギャルソンが持って

*HIROKO HAYASHI
ミラノ在住の日本人デザイナー、林ヒロ子さんによるブランド。主なアイテムは、財布やカードケース、バッグなど。機能性をあわせ持つ、アートのような作品。

いるアレですね。小銭が一目瞭然で、とてつもなく使いやすい。こっちを開け、さらに向きをかえて小銭を出し、小銭入れのファスナーを閉じてから、やっとお札を出すなんていう、アクションの多い財布とは違って、手数が少なく済み、手間取ることもありません。

ちなみに中身は、太ってみすぼらしい財布にならないよう、クレジットカード、保険証、お札に小銭とシンプルを徹底。

題して〝財布ダイエット〟に有効なのは、ポイントカードの切り捨てです。次から次へと溜まる一方のポイントカード類、すすめられても思い切って断り、ポイントがわずかしか溜まっていないカードは捨てる。そうして取捨選択し残ったカードを、必要なときにだけ財布に入れて、持ち歩くようにしています。そうすると財布が断然スリムに、美しくなる。

などと言いながら、伊勢丹カードとバーニーズ　ニューヨークのメンバーズカードだけは別格扱い。365日、財布に常駐しています。だって、いつ何時、必要になるかわかりませんから……。

AUTUMN
25

きれいのもと、韓国食

キムさんが結婚するとき私に言った言葉。それは「あなたは私と結婚すればきれいになる」。ふたつ返事で「乗った！」と答えた私ですが……。まんざら嘘ではなかったと実感する日々であります。

私を変えたもの、それは食です。

韓国にルーツを持つキムさんの食は、当然韓国料理がベース。そのおおもとである韓国宮廷料理は、風水でおなじみの五行に則り考えられていて、辛みが少なく、素材の味を生かしたヘルシー志向。食で健康を目指す、いわば自然医学です。喩えていうなら、日本の漢方に近い。

まず、にんにくは食べる絶対量が違うし、野菜もひたすら食べます。焼き肉屋さんに行くと、キムチ、ナムル、カクテキ、わかめサラダ、サンチュ、にんにく、のりを大量に頼んで、肉はほんのわずかしか食べません。

もちろんキムチは常備。発酵食LOVE。それからスープをよく飲みます。牛テール、鶏肉、あさりなどでだしをとり、スープにしてたっぷり栄養をとる仕組み。キムさんの定番スープは、牛肉とわかめをよく炒め、10分ぐらい煮て、塩と酒で味をつけ、最後ににんにくのすりおろしをパッと入れたもの。ふつふつと活力がわく、元気のもと。但し、かなり臭います……。

そして、美&健康を叶える究極の食は、朝鮮人参！

我が家には、キムさんのお父さんから送ってもらう朝鮮人参の粉末が常備されていて、毎日耳かき2〜3杯程度を、寝る前に水にといて飲んでいます。朝鮮人参は血行を良くする生薬。驚くほどよく眠れ、朝の目覚めはすっきり。但し、心臓がバクバクしてしまう人、高血圧の人はNGなので注意。

韓国女性の肌ツヤの良さは、こうした食文化の結果なのだなあ。我が家の賑やかな韓国&日本ごちゃ混ぜ食卓を囲みつつ、つくづく思う毎日です。

冬

冬でも素敵に魅せる 大人の女性のスタイル

WINTER
26
おしゃれブーツの絶対領域

冬のファッションに欠かせない、ブーツ。

ブーティ、ショートブーツ、ロングブーツと長さもさまざまで、エレガントなものからワーク系までスタイルも多岐にわたるブーツですが、私がもっぱら好んで履くのは、ヒールのあるショートブーツやブーティです。

なぜロングを履かないのか。理由は簡単です。

とくにインポートものは、あちらの膝下に合わせて作ってあり、背の低い私が履くと膝がひっかかるから！　膝下の長さが足りない、悲しきニッポン人。こればっかりは、どうにもなりません。

もうひとつの理由は、脚をきれいに見せてくれるように思うから。

美脚（P66）のところで書いたように日本人の脚は曲がりが多く、ロングブーツを履いた脚がブーツごと湾曲したラインになっている人をよく見かけます。すらっと長い丈のブーツは、まっすぐな脚で履くに限るよなあ。そんな諦めもあって、ショートブーツ愛用派なのです。

ところが、私が敬愛するおしゃれ先生（再び登場、デザイナーの丸さん）曰く、「日本人独特の体形をカバーしてくれるのは、膝下のロングブーツ」なのだとか。

ピタピタのパンツ、あるいはスカート&タイツの組み合わせにロングブーツを履き、アウターに短めのコートやダウンを合わせる。このコーディネートこそ、脚長のかっこいい姿に仕上がるベストスタイルだというのです。

つまり、脚の曲がりがどうこうよりも、バランスの問題ということ。

コート裾から覗くスカートやワンピース、脚の露出部、ロングブーツ。それぞれの分量感がちょうどよく体にフィットする。そんな自分だけの黄金比率を見つけたが勝ちというわけです。

逆に言えば、おしゃれな人というのは、ごく自然に自分の黄金比が実践できている人。

ブーツ祭り
このコートとスカートとブーツの丈がかっこいい〜 アナ・ウィンター様
柔らかそ〜な細いブーツ
なじませればブーティーも
ミディアムはむずかしい
Good♡
ピッカーン
セルジオ・ロッシとかジミー・チュウはいつも注目
ステキ
キラーン
一度はいたらやめられないわよ〜
女をとりこにする禁断のアグ
まだ履えない
おめかし用
スウェード×エナメル
ミシェル・ビビアン
グレー×黒
ミュウミュウ
エロい
ドクズ・ヴァン・ノッテン
私がアグをはいたらヨーチエンみたいだよね〜〜っ
ドクターマーチン
フリーランス
常用はバイカー系 信頼できる!

これって、なんだかオタクが萌えるニーハイ&ミニスカの「絶対領域*」みたい。

どうやったら脚長に見えるか、スタイルよく見えるのか。自分の見せ場＝絶対領域の範囲を探りながら、ベストな比率をはじき出すしかありません。早速今冬から挑戦だっ！

ちなみにショートブーツやブーティを履く場合は、バランス良く見せるためには、色の統一がカギなのだとか。黒いタイツに茶色いブーツだと脚が区切られて短く見えてしまうため、

黒いブーツなら黒いタイツを合わせるなど、足先まで色を揃えることが必須だそうです。

＊絶対領域
ミニスカートとニーハイソックスの間に生まれる隙間（肌の露出部）を指す。その黄金比はスカート丈：絶対領域：ニーハイソックス膝上部分が4：1：2.5。

WINTER

27

拮抗する、肉体力と服力

いつ着てもばっちり似合う。いろいろ浮気したけど結局戻る。誰にでも、そんな全幅の信頼を寄せる服があります。ところが、ある日突然、ずっと信頼してきた服に裏切られることがある。

私の場合は、モッズコートがそれでした。

『踊る大捜査線』の青島刑事よろしく、厚地で、がしっと逞しい綿地のモッズコートを好んで着ていた私。ところが40代後半の冬のこと、突然似合わなくなりました。鏡の中の自分が、ぼろ布をまとった薄汚い人にしか見えなくなったんです。

自分の肉体と洋服。ふたつのパワーが合わなくなった、その瞬間でした。モッズコートは、本来は暴れん坊な、やんちゃな服。ピュアでざらっとした質感の綿素材は「労働着」とも呼ばれるだけに、気力も体力も充実している人、つまり若い肉体が身につけるとバランスがとれるものなのでしょう。現にぴちぴちの若者には洗いざらしの綿がぴったり似合います。

鏡の前で味わった、あの絶望感といったら……。相棒に裏切られた気分。なんて、裏切られたっていっても洋服は何も変わってないし悪くない。むしろ裏切ったのは、こっちなんですけどね。

歳を重ねるごとに肉体のパワーが衰え、服との力関係がずれる。これはもう避けられない事実です。

ところが、この〝ずれ〟に気づいていない人を結構見かけます。

例えば、革パンにスタッズ付きの革靴、スカルのアクセサリーをがしっとつけた、妙にパンクなおばさん。気持ちは元気なんだろうけど、どうみても中年の肉体にはミスマッチです。

そういった事態を避けるためには、服に、現実に、抗わない。さっさと白旗を掲げて降参するに尽きます。肉体のパワーと釣り合いのとれる服に、素直にシフトしていくしかありません。

このときポイントになるのが、服の生地です。

元気はつらつな綿素材は、綿100%ではなくポリエステルやナイロンが混ざった生地にし、反骨バリバリの革素材は避け、シルクやスウェードなど、ジェントルなテクスチャー、上質なツヤの生地にスライドしていく。

生地本来のもつ質感や輝きが、衰えた肉体パワーを優しくサポートしつつ、プレミア感を上乗せしてくれる感じでしょうか。ウールにしても、へろへろの安い生地ではなく、コシのあるいいものに変えていく。そうすることで、服と自分のすれ違いを回避できます。

中年期は20代とは違い、単に流行を着飾ればすむ年代ではありません。服と肉体の力がマッチした装いを心がけるという、新たなおしゃれ魂が必要なのです。

カラダという宝物によりそって……
10代20代
むちむちの体に
チープなTシャツが
まぶしい
もうやめよう
中年のパーカー
パーカーデザインだがメチャ柔らかく細く見える
ジェームスパース
大人のパーカー
40代50代
自分の体を
知っている人は
似合う服を選べる

WINTER

28

ダウンだって素敵に着たい

冬のアウターは、しっかり寒さをしのげるもの。体が冷えないもの。年齢を重ねるごとにその要求は高くなり、結局行きつくのは「ダウン」になります。

軽量で薄地のものが増え、色のバリエも豊富。もはやダウンから脱するのは不可能な気配です。でも毎年、真冬になると日本全国ダウン一色。代わり映えのしないスタイルに落ち着く自分に「これでいいのか？」と自問することもしばしばです。

本当はレトロな雰囲気のオーバーコートを着ているほうが、断然おしゃれなんだろうなあとは思います。しかし、ダウンに慣れてしまった体には、厚手のコートは重い。背負えない。そんなわけで、やっぱりダウン……。だったらせめて素敵に着こなしたい！　そう思うのです。

そこで大きなポイントになるのが選び方です。

避けたほうが良いのは、筒状のノーマルなダウン。

若い子がカジュアルに着こなす分にはいいけれど、大人の女性が着ようものなら、タイヤのミシュランのマスコットか芋虫そのもの。いくら素敵な洋服を内に召していても外見はそれですから、エレガントにはなりえない。サッカーの応援にはいいけれど、街着には厳しいスタイルです。

かといって、あまりに行きすぎたデザインも考えもの。以前こんな失敗がありました。

試着したのは、ウエストが大きくシェイプされたダウン。ぴかぴかの光沢生地だったことも関係しているのか、私のスタイルとも好みとも、大きく反するマダム風な仕上がりに……。

でも店員さんは、初めて会う私の性格なんか知りもしないから、「大丈夫。お似合いですよ」と朗らかな笑顔。なんとかわかってほしい私は、「こういうキャラじゃないんですよ、私。がさつ、ずぼら、おおざっぱですから！」

このごろは ぶ厚くないダウンが 出てきました。ホッ。
ピターッとした サイズ感、
ユニクロ+Jのダウンはショーゲキでした。ステキなフォルム
ニ子玉川のイメージ
今年も買うぞ ユニクロのベスト
黒モコ オバサン
ツイードの田舎調ダウン へやで着る
革ジャンの上にダウンベスト着てた男の子 カッコよかった

と公共の場で、謎のカミングアウトをすることになったのでした。店員さん、ぽかーん、です。

ダウンは〝適度にデザインされた似合うもの〟を根気よく探すべきです。首やウエストなど、どことなく緩やかにシェイプされていて、フォルムにオンナ度が感じられるもの。その度合いが自分にぴたっと合うものを優先して選ぶと、うまくいくように思います。

そうして見つけた私の愛用ダウンは、腰よりも短いジャケットタイプのものがひとつ。フランスの「マリテ＋フランソワ・ジルボー」*の黒色。もうひとつは、お馴染み「モンクレール」*のカーキ色。こちらは腰まで隠れるタイプ。モンクレールでは、いろんなタイプのダウンを試着したけれど、一番これがしっくりきました。

どちらもシルエットはぴたぴたっと体に沿うよう、全体的にシェイプされたもの。ダウンのカジュアルさを残しつつ、エレガントな装いにも着回せるところが気に入っています。レストランに行くときも着用して恥ずかしくないデザインです。

＊モンクレール
元は登山家のためのダウンウェアが、高い機能性とデザイン性からファッションアイテムとして注目を集めるように。ファッションデザイナーとのコラボ製品も。

＊マリテ＋フランソワ・ジルボー
フランス人のデザイナー夫婦によるブランド。アメリカのジーンズをヨーロッパの洗練されたおしゃれ着としてアレンジしたことで知られる。

そういえば去年の冬、街で見かけて「おお！　おしゃれさん！」と思うダウンスタイルがありました。それは、革ジャンの上にダウンのベストを重ね着したもの。

ダウン特有のずんぐりむっくり感が少なく、上半身がコンパクトに仕上がるので、冬の装いなのにスマートな印象。お腹と背中をダウンでしっかり保護しているので、きちんと暖かそうです。

インナーに薄手のものをいかに着こむか、ではなく、まったく逆の発想！「なるほど、そういうダウンの着方もあるのかあ」とえらく感心した私。さっそく今年の冬から真似してみようと思っています。

WINTER
29

水が涸れると、女は死ぬ!?

終末医療の本を読んでいて、興味深い話が載っていました。

それは、体の水分量のお話。

私たち人間の主成分は「水」。毎日水分量を測定していると、「あと1週間で死ぬ」というのがわかるそうなんです。つまり死ぬ前に、水分量ががくっと減る。体がしゅっと涸《か》れる。なんとも恐ろしい話です。

そうと知って気になるのは自分の水分量。早速、体重計に乗りましたとも。

我が家の体重計は「タニタ」の体組成計で、体水分率が表示されるタイプ。

軽い気持ちで体重計に足を載せ、水分率の数字をひと目見て、「ひ――!」(絶叫)。

なんと、3か月前の記録に比べ、水分量が2ポイントも減っていたんです。

「やばい、死ぬのか?」と本気で思いましたね。

私のように、水分量が緩慢に低下している現象、それはつまり「老化」です。

リンゴを思い浮かべてみてください。もぎたてのみずみずしいリンゴ。時間がたつと、水分が抜けてしわしわになり、あちこち陥没して色も黒ずみ、いずれは……。ぎゃー!

かくして、「体の涸れ」が確認されて以来、一生懸命水を飲むようになった私です。

1日の水分摂取量は、だいたい1~1・3ℓ。まったく水を飲まなかった頃に比べると、体調はいいし代謝もあがったみたい。なんせ以前は血液がドロドロ血でしたから……。

あわせて、体内に水を留めるコラーゲンやヒアルロン酸の摂取も欠かしません。

化粧品売り場のカウンターで肌の水分量を測る人は多いけれど、体全体の

「大誘拐」という
映画の冒頭で
大地主の大奥様が
毎朝
体重をはかる
というシーンが
あります。
大奥様は
体重の
「減り方」で
自分の死期を
チェックしていた
――という
伏線でした
更年期
ラストスパートを
つっぱしる私
今年のはじめ
ガクッ!! と水分量
おちた。
あれ?
タニタの
水分量
でるヤツ
もはや
体重うんぬん
体脂肪うんぬんの
レベルではない!?
ゲエッ!!
老が来たッ
「老」ってつまり
ひからびる
ってことよ
ひえ〜〜っっ
それは
自然な
ことですが…
水分を
キチンととる
習慣は
大事です。

水分量を気にする人はまだまだ少ないと思います。

これ、美容の盲点じゃないかと思う。

肌の表面的なアンチエイジングよりも、もっと根源的な「体の涸れ」という老化を防ぐことが先決。

ただでさえ、加齢によりみずみずしさに欠ける大人の女性。乾ききった体にいくらピカピカの洋服をまとっても、瀕死のファッションです。

一生おしゃれをしたいなら、体の水分保持に努めましょう。

WINTER 30

うつと仲良くお付き合い

誰にだってある〝うつ〟な日。

もちろん私にも、しばしばやってきます。たいていは冬の朝。目が覚めた瞬間から明るいことが考えられなくなる。

いったん気持ちが「ぼそー」っとしてくると、寝ても覚めてもうつ。昨日までの自分は、どこへやら。暗いことばかり考えてしまいます。当然、おしゃれどころじゃありません。

きっかけは、さまざまです。

人からもらっちゃうこともあるし、前触れもなく、突然落っこちる日もある。人によっては、季節の変わり目だったり、生理前だったり、お天気や気圧の影響を受けることもあるらしい。

腸に左右されるパターンも、結構多いんじゃないかと思っています。

というのも、腸は第二の脳と呼ばれていて、ハッピーホルモンと言われるセロトニンが生成される場所。セロトニンは、欠乏するとうつを引き起こすと言われています。

便秘をしていたり、または下痢気味だったりして腸の調子が思わしくないと、ハッピーホルモンが作られなくなり気持ちが沈む。すると眠りも浅くなって、疲れがたまり、さらに気持ちが暗くなる。そういうスパイラル。

そんなわけで、エネマ（腸内洗浄）をして腸の健康に努めながら暮らしている私ですが、それでもアイツは、やってきます。完全に防ぎようがないのが、うつの憎たらしいところ。

だからもし、うつに襲われたら、「ああ、きたきた。落ちてるなぁ」と思うしかありません。深刻に考えても、どうにもならない。

「ああ、もう今日はダメだ」ときっぱり潔く諦め、うつスタート。これに尽きます。「明るくしなきゃ」と焦って、気持ちであげようとしてはダメ。無駄な抵抗です。

一旦うつを受け入れたら、あとはどうやり過ごすかです。

一番の方法は、外に出て、人と会うこと。

人間には「人と会うための顔」があって、それを作ろうとするだけで、体がしゃんとして、気持ちが少しあがります。外に出かける予定がないと、ますます「どっぷ」と沈んでしまう。気がついたら薄暗いリビングで「もう午後の3時かあ……」なんてことに。

出かけよう、人と会おう。そう自分を奮い立たせようとすればするほど沈む、なんてときもあります。そんなときは、体を動かします。

マイケル・ジャクソンのビデオを見て、むちゃくちゃに踊ってみる。そうやって体のほうを強制的にあげていくことで、気持ちがよっこらしょと後からついてくる。

それも嫌、ただじっとり、しっとりしていたいと思うときは、手芸をします。もくもくと編み物の単純作業をして、気持ちがじんわりと満ち足りてくるのを待つ。

まあ、あれですよ
波がなきゃ つまんないじゃ ないスカ。
不安定が常の 私です

私の友だちに、コロッケを揚げるという子もいました。夜中にじゃがいもをふかしはじめ、面倒な工程を淡々とこなし、明け方3時や4時に揚げ上がったコロッケを何個かふむふむ食べて、ぱたりと寝る。なかなかの妙案だなあと感心しました。

うつが厄介なのは、「あれをやっていない私って、ダメなやつ」と自分のことをどんどん責めるところ。これ、思いのほかダメージが大きい。

でもね、自分を責めてもうつが良くなるわけじゃない。できないことは、できない。それでいいんです。

「あ〜あ、また自分を責めてる。ばかだねー」と笑い飛ばして、あとはのんびり気長に、目の前の課題を1個ずつクリアする。それだけのことですよ。

WINTER

31

喪服美人になりたい

喪服は、大人の女性の基本服。いつか必要になるものなので、いざそのときに慌てないためにも、1枚は用意しておきたいものです。経験上、40歳を過ぎたら本腰を入れて「喪服探し」に取り組んだほうがいいと思う。ならば、と出かける先はたいてい百貨店のフォーマルウェア売り場になります。私が一番に足を運んだのもそうでした。

ところが、売り場を軽く流したところで、あまりのもっさり感に思考停止。いくら喪服だからって無個性、デザインレスにもほどがある。「買うものがない！」と、なかば憤慨しながら売り場を後にしました。

その後しばらく喪服難民になっていた私。あるとき、「便利そうだから」と、うっかりテレビの通販で半袖ワンピと短めの上着のセットを購入。喪服への焦りがピークに達し、試着もせず安易に選んだのがまずかった。届いた喪服に身を包み、鏡に映る自分を見て絶句。無残にもそこに映し出されたのは、実年齢ばりばりの姿。自分の想定年齢（基本は、マイナス10歳！）とのギャップに「ぎゃふん！」と言わされたわけです。

原因は、老けを助長するチープな生地感と雑なデザインにありました。万人に受けがいいように作られている喪服は、中庸を狙った中途半端なカッティング。しかも、どれもたいてい同じような化繊の混ぜ生地で作られていますが、悪い生地ほど硬く、じゃりじゃりとした仕上がり。ひどいものだと、てらてらっとした変な照り返しがあって、とても着られたものじゃありません。

いくらお通夜やお葬式という厳粛な場でまとう喪服であっても、服は服。きちんとデザインされ、自分に似合うものを着たいし、節度を守りながらも素敵さや自分らしさのある着こなしをしたい。そう思うものです。故人への敬意を払いつつ、美しくセクシーに。そんな喪服美人に憧れます。

そうして、私が探し当てたのは、２着の喪服でした。

＊ジョルジオ アルマーニ
イタリアを代表するブランド。やわらかなラインのソフトスーツなどで世界的に知られる存在に。「エンポリオ アルマーニ」はセカンドライン。

ひとつは、「アルマーニ」*のスーツ。素肌に直に着るタイプの七分袖のジャケットと、タイトに近いシルエットのスカート。寒いときはこの上にコートを羽織ります。

もうひとつは、五分袖のワンピース。「ヨシエイナバ」*でフォーマルウェアとして販売されていたもので、シンプルながら首回りや袖口はシャープなカット。やわらかな生地感も気に入っています。暑いときは、こちらの五分袖で出かけます。

喪服を探す場所は、「ヨシエイナバ」や「ジュン アシダ」*、「ユキ トリヰ」*などのジャパニーズブランドのお店がおすすめ。日本特有の礼服を必ず用意しているし、生地の質も高い。キメがこまかく、変な照り返しもなく、新雪が降った後のようなきれいなマット感の喪服に出会えます。きちんと考えられたデザインなので、「あまりにモードすぎても困るし、かといって、もっさいのも嫌」という気持ちにぴたっとはまる、バランス感覚のいいフォーマルウエアが見つかります。

思い切ってイヴ・サンローランなどのハイブランドで、シンプルなブラッ

＊ヨシエイナバ
デザイナー稲葉賀恵氏による日本ブランド。大人の女性へ向け、シンプルでスタンダードな美しさのある服を提案。

＊ジュン アシダ
デザイナーは芦田淳氏。美智子皇后の皇太子妃時代の専任デザイナーやアトランタ五輪日本選手団公式ユニフォームデザインも担う、日本を代表するブランド。

あわてて買いたくない
基本服 喪服
こういうデザインで質のいいのをいつも探している
昔々のアルマーニですが最近肩をお直しして復活！
マックスマーラの夏ワンピずい分着ました
下着やサイフといっしょでひどいのを見るとガッカリもするこういう人だったっけ……と思ってしまうこわいアイテム
エクラ通販でヨシエイナバのワンピ
喪服セット
黒長ガサ
エルメス
ワイズフォーリビング
バッグの中に入れてある
グレーハンカチ
ふくさ
ストッキング
入院セットもあるよ
私はぜったい着ないと思う和の喪服
ドキドキする～

クドレスを探す手もあるのかもしれないけれど、「あ、サンローラン着てきた」って思われる喪服はアウトです。セレモニーであるお葬式は、自己主張をしにくる場所ではないので、何かを強調しすぎるのはタブー。誰の目にも「ブランドもの」が明らかな喪服は、さすがに悲しい場であるお葬式にはまずい。

ちなみに、喪服と並んで探すのに苦労するのがバッグです。

葬礼用として売っているものは、お粗末でがっかりなデザインばかり。華美に映らない黒のハンドバッグなら流用可能なので、長い目で幅広いブランドから探すことをおすすめします。

私がフォーマル用と決めているのは、10年以上前に購入したプラダの2本手の黒い革のハンドバッグ。本来革製は、殺生の証なのでお葬式にはNGなのだけれど、そこまで厳密なお葬式に出ることはほとんどないのでOKとしています。バッグには、数珠やふくさ、ハンカチ、ストッキングなどの七つ道具を入れた状態でストック。いわゆる喪服セットですね。

クローゼットには、ほかにも「入院セット」「避難セット」を常備してい

＊ユキ トリヰ
現代に生きる女性をモダンに演出するパリコレクション作品に加え、冠婚葬祭など日本ならではのシーンに活用できるフォーマルな装いも充実。

ます。
入院セットには、ものすごく着心地のいいカシミアのガウンと、タオル地のスリッパが入れてあります。だって、家族が病院の売店で買ってきた間に合わせのTシャツなんか絶対に着たくない。「こんなの着られないっ！」なんて、体も心も弱ってるときに、ケンカしたくありませんから。その一心で作った入魂のセットです。
避難セットの肝は、とにかく信頼できる靴。がっしりとしたブーツは必須。ほかに、フリースのベスト、ヒートテックの肌着、ゴアテックスのフーデッドジャンパー（フード付きの防寒ジャンパー）などを詰めてあります
喪服・入院・避難。題して「大人の女の3セット」。こういうものは、必要に迫られ急ごしらえしても、なかなか満足のいくものはできません。みなさんも余裕がある今のうちに、ぜひどうぞ。

WINTER

32

恋心という美容法

日本中の女性たちが、今なお夢中になっている韓流。熱烈なブームを見るにつけ、「韓流男子」は女性の美容に大いに貢献しているなあと思うんです。なんというか、韓流男子の発する、あのストレートなホルモン。見るからに「男です」という存在は、〝かわいい、中性的、子どもっぽい男子〟が優勢になった最近の日本には希少なものだと思う。もちろん、かわいい中性的なタイプの人も韓流にはいるけれど、声だけはしっかり男だったりする。ここまではっきり「男です」っていう存在は、やはり韓流ならではな気がします。

韓流には基本的に興味が薄い私も、数年前にＮＨＫの紅白に登場したイ・ビョンホンの、あまりにも男性的な声には、うっとり。不覚にもぼーっとしてしまいました。あれは恋に近かった。

女は恋する生きもの

うちも韓流（？）ですけどね（夫は在日２世）
骨格とか肌とか全然ちがいます（立派で美しい）
強くて熱くてラテンな性格
まぜる文化の人
味つけ上手
ゴマ油も足そうっと♡

「男です」という存在を前にすると、女性側は当然「はい、女です」となるわけで、これは抗《あらが》えない本能です。つまり、否応なしに「女」を認識することになる。そこに生まれるものといえば、ずばり「恋心」です。この「恋心」こそ美容のもと。ニッポン女子をきれいにする魔法じゃなかろうかと思うのです。恋をすれば、ホルモンが出て、代謝が上がって、肌も潤いますから。

そんな恋心を巧みに利用した商売が、東京のソウル・新大久保で展開されているらしい。なんでも「ワンコイン韓国語レッスン」「イケメン　ハンドマッサージ」なるものがあるらしく、韓流ばりのイケメンが密室で韓国語を教えてくれたり、手を揉み揉みしたりしてくれるとか。まさに、恋心商法。これぞ最新の美容法ですよね。手なんか触られた日には、水分がぶわーっと出るし、女性ホルモンもぶはっと噴き出す。細胞もみるみる活性化して、免疫力まであがったりして。ダンナに「おまえ今年は風邪ひかないね。妙に元気だな」って言われそうです。

恋心を抱き、美を手に入れる。「韓流」の思わぬ効能で、ニッポンの女性たちよ、もっと美しくなれ！

WINTER

33

おしゃれ先輩を探せ！

女優さんやモデルさんは、恰好のおしゃれのお手本。

でも彼女たちは、雑誌やテレビの中の人であって、リアリティはありません。そもそも持って生まれたスペックも高い。

だから私にとって一番のお手本は、〝素敵な先輩〟です。

街で見かけて、思わずドキッとするような魅力的な女性。「真似したい」とつい目で追ってしまうようなファッショナブルな人。そういう年上の「かっこいい大人の女性」。すぐそばにいる生きたモデルから、いつもたくさんのヒントをもらってきました。

特に海外の街は、〝素敵な大人の女〟のロールモデルの宝庫。

仕事をするために
外でお茶したり
するんだけど
結局
ファッションウオッチ
イカス！
…
青山や銀座はホントに楽しい♡

年齢に応じた服の着こなし、色合わせ、バッグの提げ方、巻き物の取り入れ方、アクセサリーから髪型まで。実にさまざまなおしゃれの作法を、私は海外のマダムたちに教えてもらったように思います。

パリはカジュアル、ニューヨークは個性が際立つ街。

なかでもイタリアのファッション都市ミラノは、一番お手本になる街だと思います。

ミラノマダムたちは、基本のコーディネートを教えてくれる素敵な先輩たちばかりです。

ベーシックな装いがとっても上手なうえ、色づかいが絶妙で、流行りのものを巧みに取り入れている。カフェに座りながら、街を行き来するマダムたちを何気なく眺めているだけで、目からうろこのヒントがたくさん。盗める小技がざくざく。

そういう先輩たちは、おしゃれだけではなく、生き様のお手本でもあったりします。

「女として、どう生きていけばいいか」を体現している。

例えば、パリのマダムたちは常に相手に対してオープンです。「私は私！」と胸を張って前を見据える姿勢。決してえらぶっているわけではなく、堂々と自分を見せている。

対して、日本人の女性は閉じている人が多い。

なんでみんな、あんなに申し訳なさそうにしてるんだろうというぐらい、うつむいて、引きこもって歩いてる。

国民性なのかもしれないけれど、「すみません」っていう顔をして、謝る準備しながら歩いてるように見えるんですね。

そういう諸先輩を見ていると、「素敵に歳をとりたい！」なんて絶対に思えない。むしろ「あ〜、歳なんてとりたくない」って思っちゃう。

そもそも、閉じてるところに、おしゃれの芽は出ません。内に閉じてる人、引きこもっている人は、自分の存在もファッションも、より無難に小さくまとめようとしがちだから。

でも本来おしゃれというものは、自分のエネルギー値を3割増しに見せる行為。自分をいつもより大きく見せる狙いがある。

そのためには、パリやミラノの女性たちのように、「どうよ！」って自分を外へと開いておく必要がある。

いくつになってもおしゃれを楽しむために、普段から素敵な先輩を探すクセをつけてみてください。

ときには海外へ、先輩探しの旅に出かけるのもいいと思います。10年後、どんなおしゃれをして、どんな女性でいたいのか。先輩は、ためになるヒントをきっと授けてくれるはず。

そうして今度は、あなた自身が、素敵な先輩になってくださいね。

おわりに

着ることに正解はないけれど、しいて言えば、着ている自分が幸せで、見ている周りの人を苦しませないという基準は持っていたいと思います。

「着てみたいから」という欲望だけで着た20代。「ほめられたいから」という見栄だけで着た30代。「もう何だって着ちゃう！」と、とっちらかった40代を過ぎ、これからは今まで以上に着るものに支えられる季節だろうなと予感しています。

本当に着ていたい服を、少しだけ持つ。絞り込みと、深める作業をしたいです。

かのシャネル女史は、亡くなるとき、たった2セットのスーツだけしかクローゼットにかかっていなかったといいます……。究めてます。さすがです。とてもそうはいかないでしょうが、目指したいものです。

遅筆な私を励まし助け、この本を作りあげてくださった佐藤正海さん、仁平綾さん、ありがとうございました。

さあ、明日、何を着ましょうか？

２０１２年秋

槇村さとる

文庫版おわりに

6年前に書いた自分の本を読んで驚いた。

着るもの、身につけるものの好みなど、そうそう変わらないのだとわかったわ。この本に描いたほとんどのバッグも靴も、現役です。

――が、

実はこの6年の間に「死ぬかも」と思う経験をしました（プレ更年期と手術など）。そのときは体力が地に落ち、着るものどころの体じゃなく、ひたすらやさしく柔らかく軽いものしか着られなくなり、もう、いくらなんでも無理と思い切り、大好きなライダース（アクネ）も人にゆずってしまいました。クローゼットはすっかりオバーチャン。

その体からの復活の今、です。

ちなみにライダースは2枚（バレンシアガとビューティフルピープル）を

買い直しました。笑ってください。
健康あってのオシャレです。
着るゴトにかまけていられるとき、ああ、幸せなんだなァ……と思うようになりました。

さあ、今日は、何を着ようかな？

2018年夏

槇村さとる

本文デザイン　横須賀 拓
編集協力　仁平 綾

この作品は二〇一二年十一月ポプラ社より刊行された
『一生使えるファッションノート』を改題したものです。

一生使《いっしょうつか》えるクローゼット・ノート

槙村《まきむら》さとる

平成30年8月5日　初版発行

発行人――石原正康
編集人――袖山満一子
発行所――株式会社幻冬舎
〒151-0051東京都渋谷区千駄ヶ谷4-9-7
電話　03(5411)6222(営業)
　　　03(5411)6211(編集)
振替00120-8-767643
印刷・製本―株式会社　光邦
装丁者――高橋雅之

幻冬舎文庫

ISBN978-4-344-42773-0　C0195　ま-15-3

幻冬舎ホームページアドレス　http://www.gentosha.co.jp/
この本に関するご意見・ご感想をメールでお寄せいただく場合は、
comment@gentosha.co.jpまで。